JEUNES DEVIANTS OU DELINQUANTS JUVENILES?

PSYCHOLOGIE ET SCIENCES HUMAINES

Michel Born

jeunes déviants ou délinquants juvéniles ?

2ᵉ édition

PIERRE MARDAGA, EDITEUR
2, GALERIE DES PRINCES, 1000 BRUXELLES

© Pierre Mardaga, éditeur
37, rue de la Province, 4020 Liège
2, Galerie des Princes, 1000 Bruxelles
D. 1987-0024-18

# Avant-propos

Si un jeune commet un vol à Nanterre, Montréal ou Liège est-il vraiment l'unique responsable ou bien la ville de Nanterre, Montréal ou Liège a-t-elle une part de responsabilité dans l'acte commis par ce jeune?

Certaines villes, certains quartiers ont la réputation d'abriter une jeunesse très délinquante. Tous les jeunes de ces villes sont-ils plus délinquants ou bien n'y a-t-il qu'une minorité de super-délinquants qui créent cette réputation?

Afin de répondre à ces questions et à beaucoup d'autres que nous nous posions à propos des jeunes et de leur délinquance, nous avons examiné de près ce qui distingue un délinquant d'un non-délinquant au sein d'une population tout venant de jeunes dans une grande ville. Ces jeunes nous ont appris à distinguer délinquance et déviance, ces jeunes nous ont également appris à redécouvrir les richesses de la jeunesse. C'est pour transmettre ces découvertes au profit des jeunes que nous avons osé écrire ce livre. Que les jeunes qui nous ont apporté leur confiance trouvent ici l'expression de notre reconnaissance.

A l'origine, nous pensions réaliser une recherche en psychologie clinique portant sur des cas de jeunes délinquants afin de mettre en lumière les constantes du fonctionnement de ces jeunes. Toutefois, notre perspective s'est élargie progressivement et nous nous sommes préoccupés de la mise à l'épreuve empirique des hypothèses formulées à partir de notre expérience clinique. L'importance accordée à la démarche empirique ne nous a pas permis de reprendre ici les analyses cliniques: que les jeunes «délinquants» qui se sont exprimés devant nous et dont les visages se cachent sous les théories et les analyses ne soient pas oubliés.

Nous avons dû bien souvent nous contenter d'esquisser certaines questions importantes malgré leur intérêt. Ainsi, par exemple, nous n'avons pas pu approfondir la signification des perspectives temporelles dans l'organisation de leur vie par les jeunes. Nous n'avons pas pu non plus discuter les relations qui existent entre les différentes composantes du Moi telles que notre démarche empirique les a décrites. De telles discussions nous auraient détourné de notre objectif ultime qui est la compréhension de la déviance sociale des jeunes: nous formulons le souhait que ces pistes de recherches puissent être approfondies soit par nous-mêmes, soit par d'autres.

Au long des années durant lesquelles nous avons essayé de comprendre et d'aider les jeunes délinquants, Monsieur G. Schaber, professeur à l'université de Liège, fut pour nous un guide clairvoyant qui nous apporta un soutien constant non seulement par des conseils mais aussi par de longues heures de travail. Qu'il trouve ici le témoignage de notre plus sincère reconnaissance.

Nos remerciements amicaux vont aussi à Monsieur Paul Dickes, professeur à l'Université de Nancy, Mademoiselle Michelle Beaufils, Monsieur Bernard Gailly et Monsieur Pierre Hausman, nos collègues au Centre Luxembourgeois de Recherches Sociales (CEPS), pour les nombreuses connaissances que nous avons pu acquérir à leur contact et pour leur patience.

Nous tenons à remercier vivement notre épouse Julienne Born-Maag, ainsi que Vinciane et Cédric de nous avoir témoigné leur affection et d'avoir su accepter d'être privé trop souvent de notre présence et de notre attention.

Enfin, que tous ceux qui ont contribué à la réalisation de notre travail trouvent ici l'expression de notre gratitude: nous pensons principalement à Monsieur René Born, Madame A. Dorbolo-Born, Madame C. Lemaire-Gavray, Mademoiselle N. Castias, Monsieur H. Wuidar ainsi qu'aux étudiants en psychologie et criminologie qui, par leurs travaux, nous ont permis d'élargir notre problématique.

Introduction

La criminologie se définit comme une science de synthèse qui reprend à la pénologie, à la sociologie, à la psychologie et à la médecine les éléments susceptibles d'éclairer la problématique du rapport entre l'homme et la loi.

L'éventail des questions qui se posent aux criminologues est immense puisque la problématique de la délinquance est à la fois sociétale et individuelle. Selon son intérêt personnel, le chercheur aura à opérer un choix parmi les objets possibles de ses investigations.

Les développements récents de la sociologie et de la psychologie sociale ont contribué à doter la criminologie de cadres théoriques différenciés et de méthodes rigoureuses pour la mise à l'épreuve des hypothèses.

Il semble actuellement possible de formuler les problématiques de la criminologie en tenant compte à la fois de l'optique sociologique et de l'optique psychologique. L'entreprise est délicate et nous n'avons pas la prétention de l'achever. Notre seule ambition est de tenter de décrire le jeu réel des mécanismes psychologiques et sociaux dans l'adoption de conduites déviantes et d'en rendre compte.

L'objet de cette étude est de dégager les mécanismes qui, au niveau individuel ou sociétal, contribuent à favoriser le passage à l'acte chez certains individus ou groupes d'individus et à modeler le visage social de la délinquance des jeunes.

Notre but est de voir qui pose les actes et qui fait l'objet d'une réaction sociale. Ainsi, nous examinerons sur qui porte la construction de l'objet de la crimiologie et non pas la construction de la criminologie elle-même : ceci constitue une *limite* importante de notre étude.

Notre réflexion comporte deux niveaux :

1. un essai de compréhension des mécanismes qui font qu'un jeune accepte ou non de se conformer aux normes socialement admises,

2. un essai de compréhension de la réalité sociale que recouvrent d'une part la délinquance *commise* et d'autre part la délinquance *officiellement connue*.

Notre préoccupation ultime est de comprendre la rencontre de deux logiques : comment la logique individuelle qui amène les jeunes à commettre des actes répréhensibles est en interaction avec la logique sociale qui fait que tous les jeunes n'ont pas la même probabilité d'être officiellement connus de la justice et donc éventuellement labellisés comme délinquants.

Notre préoccupation est également de donner quelques éléments pour la compréhension de la période de l'adolescence dans notre société. En effet, l'adolescence est une période intermédiaire entre l'enfance et l'âge adulte. Faut-il, comme le suggère G. Lutte, supprimer l'adolescence, pour permettre aux jeunes d'être adultes à part entière ? L'adolescence ne serait en effet que le résultat d'une stratégie marginalisante mise au point par ceux qui ont le pouvoir dans la société de manière à protéger leurs privilèges. Au même titre que les immigrés, les adolescents seraient un groupe marginal et déviant parce que défini comme tel par la société.

Cette analyse conduit à considérer les actes délinquants que les jeunes commettent comme des actes normaux et inévitables.

En examinant quelles sont les caractéristiques sociales et psychologiques des jeunes qui s'avèrent les plus déviants par rapport à la norme statistique des comportements des jeunes, nous espérons contribuer à montrer que l'adolescence est une période propice à la déviance mais qu'elle ne conduit que quelques jeunes à la délinquance.

Chapitre 1
Le délinquant en environnement

1. Jean, un vrai délinquant?

Nous voudrions commencer par présenter l'histoire de quatre années de la vie d'un jeune délinquant. Cette histoire est exemplaire à plus d'un titre; d'abord parce que le jeune dont il est question n'a pas réussi à sortir du cercle vicieux de la délinquance, or c'est précisément l'entrée dans ce cercle vicieux, dans cette spirale que nous cherchons à comprendre. En présentant l'histoire de ce jeune que nous avons pu suivre de près sans pouvoir intervenir efficacement, nous voulons mettre en évidence l'enjeu essentiel de la prévention: comment éviter que des jeunes en arrivent à mener une telle vie?

Cette histoire est également exemplaire parce qu'elle illustre les limites de l'explication de la conduite délinquante par les seules analyses psychologiques centrées sur le «cas» du jeune. Quelle que soit la richesse de ces analyses, elles doivent être intégrées dans le contexte général de la production de la délinquance au sein de la société. Parallèlement, cette histoire rappelle que les théories générales et les tendances statistiques ne suffisent pas à rendre compte de la complexité et de la richesse d'une vie et ne peuvent donc pas prétendre à une compréhension totale. Enfin, cette histoire nous met en présence du drame que vivent, non seulement les victimes de la délinquance, mais aussi les délinquants eux-mêmes et leur entourage.

*
* *

C'est âgé de 17 ans que Jean est arrivé au Centre d'Accueil, sur ordonnance du Juge de la Jeunesse, en raison des nombreux délits (vols d'argent, de voitures et d'un enregistreur) dont il s'était rendu coupable. Un séjour de 8 jours en prison avait servi de transition entre le home de semi-liberté où il était placé précédemment et ce nouveau centre au régime éducatif plus strict.

D'un aspect relativement engageant avec ses cheveux blonds, il passe la première semaine à approcher et à découvrir les adultes qui l'entourent dans ce nouvel univers. D'apparence joyeuse et souriante, il se révèle en fait plus dépressif qu'on ne pourrait le croire. Il est sympathique et aime discuter avec l'adulte sur un ton déférent. Il respecte l'autorité et s'adapte très bien aux situations scolaires et d'apprentissage. Toutefois, sous cette apparence de garçon sans problème, on découvre une grande fragilité.

Ainsi, par exemple, il présente des réactions impulsives; il ne sait pas se limiter lorsqu'il mange; il passe des heures couché sur son lit; il semble «se décomposer» à l'approche des visites dominicales; il devient larmoyant lorsqu'il a bu, etc... Lorsqu'il parle de lui-même, il révèle un fond de dépression assez important et cela s'est manifesté en acte lorsqu'il se taillada légèrement l'avant-bras.

Dans le groupe également, il paraît assez fragile en ce sens qu'il aime se livrer à des jeux de mains dans lesquels il est toujours le vaincu. Son rôle est assez effacé et, lorsqu'il est malmené par les autres, il ne réagit pas. Il craint la force physique des autres. Il s'intéresse peu aux activités et semble instable dans ses centres d'intérêts. Les perspectives d'avenir qu'il exprime sont assez fluctuantes.

Abandonné par ses parents, Jean fut élevé par les grand-parents depuis le plus jeune âge. Lorsque surgirent les premiers problèmes de l'adolescence, la grand-mère adopta une attitude de rejet. Après plusieurs vols d'argent dans le portefeuille familial et au détriment de voisins, c'est la rupture avec la grand-mère qui s'adresse au juge de la Jeunesse car elle ne veut plus Jean sous son toit.

Ce rejet a marqué profondément le jeune homme puisqu'il croyait que ses grand-parents étaient ses vrais parents et que son père naturel n'était que son frère. En effet, Jean n'a jamais connu son père légal dont il porte le nom. Par contre, il a vécu son enfance avec comme «frère», son père naturel. Celui-ci vécut en concubinage pendant deux ans avec une dame qui partit pour l'étranger alors que Jean était âgé d'un an.

Une telle jeunesse ne peut qu'avoir marqué Jean et on ne s'étonne pas de trouver chez lui une grande immaturité et un sentiment profond d'abandon. Les perturbations de l'identité dues à l'imprécision de l'image du père et à l'ambivalence de l'image maternelle paraissent difficiles à surmonter. La recherche de cette identité s'effectue au travers de la recherche avide du contact des adultes. Il veut que l'on s'occupe de lui, quitte pour cela à devoir se servir d'épisodes dramatiques, vols ou pseudo-tentatives de suicide.

Jean passe ainsi plusieurs mois dans le centre avec alternance de périodes calmes et de périodes difficiles durant lesquelles les éclats de voix, les crises de larmes et les revendications affectives sont nombreuses.

Un jour, par exemple, il se rend auprès de l'éducateur pour montrer son bras sanguinolant qu'il vient de taillader d'une dizaine de coups de lame de rasoir. Quinze jours plus tard, à l'issue d'une soirée très agitée, il renverse tout dans sa chambre, casse un carreau et se taillade à nouveau l'avant-bras.

Quelques semaines plus tard, il absorbe plusieurs comprimés de neuroleptique et reste somnolent le lendemain. Huit mois après son arrivée au centre, son comportement semble stabilisé et il suit régulièrement une formation professionnelle en maçonnerie.

Pour la période de vacances, Jean envisage alors de renouer les liens avec son père naturel et il demande à celui-ci, qui s'était marié entretemps, de l'accueillir chez lui pour quelques jours. Le père qui n'avait plus eu de contact avec Jean depuis deux ans, est heureux de retrouver un fils, maçon comme lui. Par contre, l'épouse du père n'arrive bientôt plus à supporter la présence de Jean et la tension devient telle que Jean décide d'écourter son séjour après 5 jours.

Aussitôt rentré au centre, Jean part en fugue en compagnie d'un autre jeune. Ils vivent d'expédients durant une semaine et sont arrêtés et ramenés au centre par la gendarmerie.

Jean reprend sa formation professionnelle en maçonnerie et son comportement s'avère relativement stable même si les demandes d'attention et d'affection restent très nombreuses.

Quelques mois plus tard, une possibilité de passer des week-ends dans un manège lui est offerte. Il accepte et revient chaque fois très enthousiasmé par ses séjours et le contact tant avec les gens qu'avec les chevaux du manège.

Ayant obtenu son diplôme de maçon, Jean demande à être placé définitivement dans ce manège qu'il considère comme un milieu d'adoption parfait pour lui. Le Juge ayant accédé à sa demande, Jean part habiter auprès de ces personnes.

Trois semaines plus tard, voici ce qu'on pouvait lire dans le journal :
« Dimanche vers 7 h, un gendarme en civil et en congé attendait le bus lorsque soudain, il entendit un klaxon de voiture qui n'arrêtait pas de mugir. Le bruit provenait du parking se trouvant au milieu des buildings, parking vers lequel le gendarme se dirigea aussitôt pour voir ce qui se passait. A son arrivée, le gendarme aperçut deux hommes qui sortaient précipitamment d'une voiture et qui s'enfuyaient à toutes jambes. Le gendarme se lança à leur poursuite, les rattrapa rapidement et les maîtrisa aisément. Il s'agissait de voleurs de voitures qui venaient de tenter de dérober une Fiat 124. Ils avaient fracturé la portière et c'est en trafiquant les fils électriques au tableau de bord, dans l'espoir de faire tourner le moteur, qu'ils avaient acccidentellement déclenché le klaxon. Il s'agissait de Jean X (18 ans) et de José Y (19 ans). Les deux hommes, sans domicile fixe, ont déclaré qu'ils erraient dans la région depuis 8 jours après avoir quitté un cercle équestre où ils travaillaient comme hommes de peine. Ils ont précisé qu'ils tentaient de voler la Fiat pour retourner au cercle équestre. Pour amener les deux hommes, le gendarme a été aidé par un taximan de passage. Le chauffeur de taxi, en apprenant qu'il s'agissait de voleurs de voitures, a été tout heureux de les amener à la gendarmerie. Il n'a pas donné son identité et a refusé le moindre paiement pour sa course. Depuis plusieurs jours, il y a eu, dans ce quartier, des vols dans les voitures en stationnement et des tentatives de vols de Fiat dont plusieurs ont eu leur carrosserie griffée. On pense que les auteurs en sont Jean X et José Y. Aussi, les propriétaires sont priés de se faire connaître».

Après un emprisonnement de deux semaines, Jean retourne au manège. Mais, quelques jours plus tard, il revient de lui-même au centre d'accueil, au milieu de la nuit, en disant qu'il s'est fait mettre dehors parce qu'il couchait avec l'épouse du patron. Il raconte que depuis quelque temps, elle l'aimait et lui avait fait des avances.

Le patron ayant appris l'aventure expulsa Jean. Celui-ci, avant de partir, voulut se tirer une balle de révolver dans la tête mais le chargeur tomba. Il prit 1.000 F dans la caisse et s'enfuit.

Un coup de téléphone au patron du manège confirma les faits. « Un tel salaud, il faut l'enfoncer jusqu'à le faire crever » dit-il. « Il m'a pris ma femme et me doit plus de 8.000 F. Je lui ai fait confiance, je l'ai accueilli comme un fils depuis plusieurs mois et voilà ce que cela donne ».

Jean passe le mois suivant au centre en attendant son service militaire. Durant ce laps de temps, il se montre très expansif et prend tout à la rigolade.

Dès son entrée à l'armée, il s'adonne à la boisson sans retenue et a de fréquentes bagarres avec d'autres militaires. Après quelques semaines, il est transféré à l'hôpital militaire en instance d'être réformé pour cause «nerveuse». Il se réfugie alors, sans autorisation, chez sa bonne amie, jeune femme de 30 ans qui travaille comme aide familiale.

Deux ans plus tard, nous apprenons que Jean et Angèle se sont mariés. Avec eux vivent Joëlle, fille de Angèle, 10 ans et Sophie, 15 mois, fille de Jean et Angèle.

Jean a un emploi de manœuvre à la ville. Il a eu plusieurs démêlés avec la police. Angèle et Jean vivent dans une petite maison basse, dans une cour, le long d'un grand axe routier. La porte d'entrée est détériorée. Il y a un long vestibule qui mène à une cuisine, une arrière-cuisine et une douche. Ces deux dernières pièces ont plutôt l'air d'être des «débarras» où s'entassent des objets divers, des vêtements, des meubles...

Il y a aussi une petite cour, elle aussi remplie de vieux objets au milieu desquels règne un grand berger allemand. A l'avant, une pièce en voie d'aménagement sert de living et contient la T.V. couleur. Du vestibule, un escalier raide donne accès à deux petites chambres à coucher à l'étage.

Angèle raconte que Jean ne va pas au travail très régulièrement et qu'elle craint qu'il perde son emploi. La vie est intenable avec lui. Ainsi, par exemple, la veille, il est rentré à 19 h alors qu'il terminait son travail à 16 h 30. «Je ne lui ai pas dit un mot pour ne pas qu'on se dispute encore; alors que j'étais dehors avec la petite, il est monté. Ne le voyant plus, je me suis demandée ce qu'il pouvait faire. Puis, j'ai entendu des cris, mais sur un drôle de ton; je suis montée. Il était en train de se pendre. Alors, je l'ai soulevé de tout son poids et je l'ai dépendu. Non content de ça, il est monté sur le toit. Quand je suis redescendue, il est descendu lui aussi et m'a jeté une douille au travers de la fenêtre... Depuis il ne désoule pas».

«Je ne voulais pas me marier. A ce moment-là, je ne savais pas encore que j'étais enceinte. Quand je l'ai su, je lui ai dit qu'on pourrait très bien vivre ensemble sans être mariés. Mais, pour lui, avoir un enfant c'était le septième ciel, alors, il est allé chercher tous les papiers qu'il fallait pour se marier. Quand j'ai vu qu'il en avait tellement envie et surtout qu'il disait que personne ne l'avait jamais aimé, je me suis dit qu'au fond, c'était peut-être bête de rester fille-mère. J'ai cru que le fait d'avoir un enfant pourrait le faire changer car, déjà du temps où nous vivions ensemble, il m'avait menacée avec un couteau et renfermée dehors. Ma vie et celle de mes deux filles est un enfer avec Jean. Je suis cent fois plus malheureuse maintenant. Il dépense tout, il casse tout, il ment, il vole...»

2. Psychologie de l'individu en environnement

Comme cet exemple vient de le montrer, il ne suffit pas de donner la liste des délits commis par un jeune pour décider qu'il est délinquant. Il faut réaliser une analyse plus large de l'ensemble de la situation. De même, pour comprendre le pourquoi de ce cheminement vers la délinquance, on ne peut pas considérer le jeune délinquant sans tenir compte des caractéristiques de son milieu.

Nous rencontrerons ainsi une préoccupation essentielle de la psychologie contemporaine: l'individu ne peut pas être considéré indépendamment de son milieu. Il est nécessaire de l'envisager «en environnement». Le comportement de l'individu dépend fondamentalement de son milieu et le milieu est façonné ou choisi par l'individu. *Il faut donc définir l'individu comme une entité en interaction avec différents aspects du milieu* (Wapner, 1980).

Pour étudier la délinquance des jeunes sous un angle neuf et rencontrer cette problématique psychologique plus large, nous avons adopté cette perspective environnementaliste. Pour rendre cette perspective utilisable dans le cadre de notre recherche précise, nous avons choisi de centrer l'analyse sur un aspect circonscrit du comportement (ici les actes délinquants) ou mieux à une gamme de comportements (ici les comportements socialement problématiques). Nous nous sommes imposés encore d'autres restrictions: nous avons choisi d'étudier une population d'acteurs, à une période donnée de leur existence (lorsqu'ils sont des jeunes adultes).

Avant de justifier ces choix particuliers, nous développerons ce que nous entendons par «individu en environnement» et les conséquences théoriques et méthodologiques de notre position.

Comme en sciences de l'environnement, on dira que l'individu participe à un écosystème dans lequel un équilibre dynamique est instauré entre les différents éléments. L'individu ne sera pas défini par une étiquette, un diagnostic, ni par son passé, ni par sa personnalité, mais bien par *l'ensemble des constituants de son individualité et de son environnement*, c'est-à-dire: son milieu de vie, son statut, ses fragilités, ses forces, son indépendance par rapport au milieu, ainsi que sa manière passée et future de se situer dans son environnement (Lewin, 1944).

Le point d'appui le plus solide et le mieux exploré pour réaliser cette démarche est *l'image intériorisée du milieu* (étudiée par K. Lynch, 1979). L'image de l'environnement est d'abord un plan d'orientation qui permet de survivre en retrouvant son chemin. Mais cette représentation cognitive de l'environnement spatial est également un cadre de référence et le point d'appui d'une relation affective. L'image de l'environnement n'est pas statique, puisqu'elle est fonction de l'attention, des émotions et aussi de toutes les expériences passées de l'individu.

« L'environnement, cause ou siège des comportements, n'est pas l'environnement « objectif» mais, pour chacun, son environnement personnel, perçu, interprété et transmuté par les personnalités individuelles» (Levy-Leboyer, 1980, 103).

Cette approche cognitive de l'individu-en-environnement a donné lieu à de nombreux travaux réalisés par des géographes (Down S.R. et Stead, 1976) et aussi à des études faites dans une perspective développementale (surtout par S. Wapner, S.B. Cohen et B. Kaplan, 1976).

Il ne faut toutefois nullement limiter l'approche de l'individu-en-environnement à une analyse de l'image que l'individu a de son environnement par le biais de représentations cartographiques. De nombreux autres développements intéressants ont été proposés.

Sur base des principes énoncés par Wapner, on peut concevoir que l'interaction entre l'environnement et l'individu comporte trois volets.

1. Le premier est la perception: l'individu appréhende le monde environnant et il se perçoit lui-même dans cet environnement.

2. Le deuxième est l'ensemble des représentations mentales que l'individu se fait à partir de ses perceptions de l'environnement et de lui-même. A cette vue statique d'un individu-en-environnement, nous croyons opportun d'ajouter la dimension temporelle qui fait qu'un individu se voit et voit son environnement non seulement dans le présent mais aussi dans le passé et dans l'avenir (les attentes au sujet de son environnement et de lui-même).

3. Enfin, le troisième volet de l'interaction de l'individu et de son environnement *est le comportement*: pour notre part, nous nous limitons aux comp⊂ ements socialement problématiques; il est bien évident que d'autres champs d'analyse pourraient être choisis.

Notre préoccupation sera donc d'observer les correspondances de structures pouvant exister au niveau individuel entre d'une part, les représentations que l'individu a de lui-même ou de son environnement présent et futur et d'autre part, l'adoption, par ce même individu, de patterns de comportements socialement problématiques.

Parmi les caractérisitiques internes, nous privilégierons celles qui mettent l'individu en relation avec le monde extérieur (le «Moi»), tandis que parmi les caractéristiques externes, nous privilégierons celles qui forment le milieu perçu du sujet, surtout sous son aspect social: la classe sociale, le quartier, le logement, la famille, l'école...

Pour étudier l'individu dans son milieu nous avons choisi la période de fin d'adolescence parce que la délinquance, à cette période de la vie, se prête bien à être comprise comme l'effet d'une interaction entre un individu et son milieu. En effet, à l'adolescence, les individus deviennent dissociables de leur milieu d'origine; *ils deviennent des acteurs sociaux (alors que durant l'enfance ils sont encore trop indifférenciables du milieu «parents»).* En outre, à partir de l'adolescence, l'individu a une connaissance de lui-même qui est transmissible à un intervieweur.

Après être passé au travers des perturbations de l'adolescence, le jeune s'affirme et se stabilise dans ses comportements. Cette stabilisation permet de prendre en considération des patterns de comportements qui risquent de durer davantage. Cette période est analysable de façon économique également parce qu'elle ne draine pas encore un passé trop long (au contraire de l'âge adulte ou la vieillesse). En effet, l'adolescent n'a pas été plongé dans beaucoup de milieux et de situations différents.

Nous avons choisi la *déviance parce qu'il s'agit de patterns de comportements* (et non pas d'un comportement particulier) *ayant une certaine durée ou récurrencce* (à l'adolescence, quelques actes délinquants surviennent chez quasi tous les individus mais ne perdurent pas chez tous).

Les actes délinquants sont des actes socialement significatifs et socialement identifiables; ils ne passent pas inaperçus. Enfin, la délinquance est déjà étudiée sous un angle interactif (psychologique et social au sein de la criminologie); cela permet de mieux connaître les variables significatives des deux points de vue.

Chapitre 2
Les théories générales
de la délinquance

Dans ce deuxième chapitre, nous présenterons les différentes théories qui sont proposées comme explicatives de la délinquance puisque c'est dans ce cadre très large que doivent, nous semble-t-il, nécessairement être situés tout effort de compréhension du passage à l'acte délinquant et toute tentative sérieuse de définir l'objet de l'étude : quelle définition et quelle mesure de la délinquance ?

Nous partons de la constatation que la délinquance juvénile, tout comme l'alcoolisation, tout comme l'agressivité, renvoient à des patterns de comportements extrêmement répandus, touchant *toute* la société et que, dès lors, une théorie explicative ne pourrait être que globale, que ce soit en termes de « nature humaine » ou en termes de « société ».

Quoique très répandus, les comportements délinquants n'ont pas partout la même physionomie. Ce ne sont pas les mêmes comportements qui sont considérés partout comme délinquants. Ainsi, par exemple, la consommation d'alcool est considérée comme un délit dans certains pays musulmans tandis que la consommation de drogues ne l'est pas alors qu'en Belgique c'est l'inverse.

Même les actes qui paraissent les plus typiquement délinquants en Occident peuvent être considérés ailleurs comme des actes légitimes : les « vendetta », les meurtres rituels et les enlèvements des futures épouses sont des exemples de cette diversité. En eux-mêmes ces actes doivent donc être considérés comme des comportements parmi les autres; c'est le statut qui leur est attribué par la société qui les rend délinquants ou déviants ou simplement anodins.

En conséquence, il n'est pas suffisant de chercher à comprendre les conduites délinquantes ou déviantes dans des théories centrées sur l'individu mais il est nécessaire de faire référence aux théories les plus générales, c'est-à-dire celles qui relèvent du domaine social. Un examen préalable des théories sociales de la délinquance par rapport aux phénomènes qui nous importent permettra de préciser la position que nous avons adoptée.

La référence à une théorie de la délinquance est nécessaire pour opérer les choix à deux niveaux, celui de la mesure de la délinquance et celui du schéma explicatif mis en œuvre. Le premier niveau est celui de la mesure du comportement choisi comme variable dépendante, à savoir la délinquance : la mesure n'est pas indifférente à la théorie.

Vu l'objectif qui est le nôtre, nous entrons nécessairement dans ce débat : toutes les recherches actuelles s'accordent à dire que la mesure de la délinquance sur base de données officielles est très différente de celle qui se base sur la délinquance auto-révélée. Dans ce contexte nous aurons à choisir entre le terme de *délinquance* et celui de *déviance*.

Le deuxième niveau d'option est celui de l'intégration de notre recherche et de son modèle explicatif dans un *modèle général de société et d'approche de la délinquance*. Pour nous situer, nous nous servirons des approches de Kornhauser (1978) et de Ph. Robert (1973).

Ainsi, dans un premier temps, nous présenterons les théories sociologiques du *passage à l'acte*, puis dans un second temps les théories criminologiques de la *réaction sociale* et enfin nous en tirerons les conséquences pour notre propre approche.

1. LES MODELES SOCIOLOGIQUES DU PASSAGE A L'ACTE

Selon R. Kornhauser, il y a trois modèles explicatifs essentiels (qui peuvent néanmoins se combiner) :

- l'explication par la *désorganisation sociale*,
- l'explication par des *modèles culturels de déviance*,
- l'explication par des *modèles composites*.

a. Le premier modèle situe les causes de la délinquance dans la *désorganisation sociale*. Les modèles de désorganisation sociale présentés principalement par Thrasher, Shaw et McKay et par Merton estiment que les valeurs de base de la société codifiées dans la loi pénale font l'objet d'un consensus et que la délinquance est une infraction à la loi résultant d'un trop faible engagement des individus par rapport à la conformité, *les structures sociales ne fonctionnant pas convenablement*.

Deux sous-modèles tiennent de ce courant:

- Le premier, le «*strain model*», considère que la pression à être délinquant vient de la discordance entre aspiration et expectation; la frustration est à la base. Les théories de l'anomie sont de cette lignée (Merton).

- Le second, le «*control model*», insiste sur les contrôles normatifs qui sont nécessaires pour maintenir l'ordre social. La délinquance est fonction des variations de la force du contrôle social. Le contrôle peut s'exercer soit de manière interne à l'individu, soit à l'extérieur de lui (Hirschi).

b. *Les modèles de déviances culturelles* sont développés surtout par Sutherland, Sellin et Miller. La délinquance trouve sa source dans les sous-cultures qui différencient la société: les délinquants sont conformistes à d'autres normes, des normes déviantes par rapport à la culture dominante.

Les *sous-cultures sont déviantes* mais non pas les individus. Dans nos sociétés, ces sous-cultures sont en conflit avec la culture dominante. L'individu apprend les règles sociales par des mécanismes de l'ordre du réflexe conditionné. A l'intérieur des sous-cultures la socialisation est très forte. Plus nombreuses sont les sous-cultures dans une même société, moins la culture dominante aura la force d'établir des normes valables pour tous. Les rapports de force entre culture dominante et sous-cultures varient au cours de l'histoire. Plus il y a de conflits de cultures, plus il y a de délinquance.

c. Enfin, il existe des *modèles composites* (comme ceux de Shaw et McKay, Cohen, Cloward et Ohlin) essayant de combiner les deux positions. Ils «expliquent» la sous-culture délinquante par la désorganisation sociale. La société dans son ensemble peut être désorganisée (sous la forme d'une tension vers la délinquance ou d'une faiblesse des contrôles) et donc incohérente au niveau global, mais la cohérence existe dans les sous-cultures. Ces modèles mixtes ne produisent pas de positions nouvelles par rapport aux causes.

Kornhauser a essayé (1978) de situer les unes par rapport aux autres les théories sociales de la délinquance. Elle prend comme point de départ celles qui ont été développées à Chicago par les auteurs qui ont publié leurs travaux à la même époque et se sont influencés mutuellement : Thrasher F.M. a publié « The Gang » en 1927, Shaw C.R. et McKay H.D. « Delinquency Areas » en 1929 et Sutherland les « Principles of Criminology » en 1924.

Ensuite, elle se réfère à eux pour comprendre l'apport des auteurs plus récents.

Désorganisation sociale

	Strain Model	Control Model	Mixtes	Cultural Deviance Model
Initiateurs	Merton	Thrasher ⟶	Shaw et ⟵ McKay (1929) Cohen (1955) ⟵ Cloward et ⟵ Ohlin (1960 p. 150)	Sutherland : Association différentielle Sellin Miller W.B. et Kvaraceus W.C. Culture des classes sociales inférieures (1959)
Version plus moderne		Matza (1964) Hirschi (1969)		

Cet apparentement des auteurs permet de mettre en évidence les postulats qui se cachent parfois sous les nuances de leurs développements théoriques.

Ainsi, ces *différents modèles* cherchent chacun à expliquer la délinquance (juvénile particulièrement) en tenant compte des constatations suivantes :
1. que la délinquance des classes socio-économiques faibles est plus forte que celle des classes moyennes,
2. que la délinquance des jeunes est fréquemment une délinquance de groupe,
3. que certaines zones urbaines ont une délinquance plus forte que d'autres.

Or, il faut relever que tous les modèles récents sont du type composite car ils n'acceptent plus ces trois postulats. En effet, principalement grâce aux études sur le chiffre noir de la délinquance et grâce à l'emploi des questionnaires de délinquance auto-révélée, des chercheurs ont montré que la délinquance n'est pas plus importante dans les classes socio-économiques faibles. On voit aussi que la délinquance en col blanc n'est pas une délinquance de groupe et que l'identification de zones à haute délinquance repose fortement sur l'existence d'un dispositif de police renforcé.

Ainsi, une formalisation schématique est de plus en plus difficile à réaliser. Pourtant, si l'on veut retirer les éléments essentiels de ces approches pour la compréhension de l'individu en situation, il faut examiner les deux aspects majeurs du milieu qui viennent d'être mentionnés: l'appartenance socio-économique et l'appartenance à un milieu.

De la sorte, nous découvrirons les *éléments du milieu susceptibles d'agir (sans ambiguïté) sur l'individu*, (nous réservons la description de l'individu *acteur* à la seconde partie).

Nous avons construit le tableau suivant pour situer les interprétations que les différentes théories donnent au rapport qui existe entre la société et la délinquance lorsqu'on cherche à expliquer pourquoi un statut socio-économique faible et l'appartenance à un milieu urbain conduisent à la délinquance.

La délinquance provoquée par	Fonctions sociales explicatives du rapport entre délinquance et statut socio-économique ou urbanisme.		
	Désorganisation sociale		
	Strain Model	Control Model	Cultural Model
un statut socio-économique faible	Société inégalitaire/manque → frustration → désir (motivation)	Moindre contrôle dans les classes inférieures. Désorganisation familiale	Sous-cultures par classe sociale
l'appartenance à un milieu urbain	Anomie par diversité. Conflits d'intérêts solitude - aliénation	Moindre contrôle externe	Conflits de cultures en raison du grand nombre de sous-cultures en présence

Comme on le remarque à la lecture de ce tableau, il n'y a rien d'étonnant à ce que *certains modèles se combinent en modèles mixtes* puisque les vues sont proches par certains côtés; ainsi par exemple, les conflits de cultures des culturalistes ressemblent à la diversité anomique des tenants du strain model.

L'interpénétration de l'urbain et du socio-économique est manifeste dans certaines villes où les quartiers «pauvres» s'opposent aux quartiers «riches». Cependant, une telle dichotomie n'est pas suffisante pour rendre compte des interconnexions plus complexes, ni au niveau social, ni au niveau individuel. On doit donc faire appel soit à des typologies plus nuancées, soit à des mesures composites de ces deux aspects. C'est pour rendre compte de ces réalités que nous avons choisi une population urbaine et que nous avons décidé de nous y limiter. Sans cette limitation, nous devrions développer des théories encore plus englobantes.

Un autre problème posé par ces constructions théoriques est le rapport des modèles explicatifs de la délinquance avec les modèles de société.

En nous inspirant des analyses de R. Segalman, nous envisageons trois modèles de sociétés possibles:

Modèle de Société	Définition des déviants	Forme de réaction
1. Modèle structuro-fonctionnaliste (T. Parson). La société est une structure complexe intégrée où chaque partie négocie avec les autres	Ils sont «criminels» «fous» «malades» «incompétents»	Rééducation Thérapie Soin Education spéciale
2. Modèle conflictuel: (Pevert, Marec) La société est une jungle où les puissants font la loi	Est déviant celui désigné comme tel par les puissants. Les déviants sont les victimes	Leur donner leur juste part, les conscientiser, favoriser leur lutte pour le pouvoir
3. Modèle interactionnisme symbolique. Chaque individu est à la fois soumis à la société et participant	Le déviant est également résultat et participant	Modifier la société et l'individu

D'après ce schéma, on peut voir que les théories culturalistes et les théories mixtes comme celles de Shaw et McKay entrent dans le modèle interactionniste, alors que les modèles simples de désorganisation sociale sont de type structuro-fonctionnaliste et les modèles du labeling tiennent des modèles conflictuels.

Ainsi donc, les courants théoriques en criminologie se font une conception différente des sujets qui sont concernés: les déviants. Ces différences renvoient aussi à des conceptions psychologiques différentes.

	L'homme est un
Strain theory	être moral habité par des désirs
Cultural deviance theory	être soumis à la morale du groupe
Control theory	être sans morale préétablie mais moralisé par la société

S'il faut donc tester au niveau individuel ces différentes théories, il sera nécessaire d'opérationnaliser des mesures correspondantes.

Pour la strain theory, il faut envisager d'évaluer les désirs, les expectations et les opportunités qui se présentent en rapport avec les valeurs morales préétablies.

Pour la cultural deviance theory, il faudra analyser le rapport entre les valeurs de l'individu et celles de ses groupes d'appartenance et de référence.

Enfin pour le control theory, il faudra mesurer les attachements et les intériorisations des contrôles émanant des parents et de l'école.

A l'issue de notre démarche empirique, nous présenterons les résultats de cette analyse.

2. LES FACTEURS MESOLOGIQUES

Notre option de voir l'individu comme un individu toujours en situation nous oblige à approfondir ces différentes théories dans ce qu'elles contribuent à la découverte d'éléments mésologiques relevant pour le passage à l'acte déviant.

Ainsi, dans ce paragraphe, nous allons examiner quelques études réalisées par les tenants des différents courants théoriques mentionnés, en ayant pour but d'y découvrir les aspects essentiels pour notre propos.

Szabo (1963) dit à propos des facteurs mésologiques de la délinquance : «Les études des milieux socioculturels criminogènes sont moins nombreuses que celles consacrées à la personnalité, à la dynamique du passage à l'acte. Pourtant, elles se justifient puisque au moins 90 %

des délinquants le sont sous l'influence des facteurs mésologiques: la famille, l'habitat, le quartier, la zone de voisinage, l'école, les moyens de diffusion de masse».

Ces différents milieux sont envisagés par les grandes études faisant appel à des facteurs mésologiques. Nous retiendrons, en raison de leur importance, deux groupes d'études qui, bien souvent, s'interpénètrent fortement:
A. Les études sur l'anomie.
B. Les études sur la classe sociale.

Une grande confusion règne dans ces deux types d'études en raison du peu de rigueur dans l'emploi des termes et surtout en raison du fait que les variables de même appellation sont mesurées à des niveaux différents. Malgré ces inconvénients, nous les prenons en considération à la fois dans leurs implications au niveau des individus et au niveau social plus large et ceci en raison de leur fécondité potentielle.

En effet, ces deux problématiques (anomie et classe sociale) ont été à l'origine de recherches de *type individuel* aussi bien que de *type écologique*.

D'après le type de recherche utilisé, les conclusions sur la déviance s'avèrent parfois opposées et les propositions théoriques sont étonnamment différentes.

A. **Anomie et délinquance**

Le concept d'anomie remonte à Durkheim qui cherchait à comprendre la criminalité par l'environnement social.

Dans ce contexte, il emploie le terme d'anomie pour désigner l'affaiblissement des normes et des contraintes au profit de l'ambition et du désir d'acquisition de prestige social ou de biens matériels dans les sociétés industrialisées.

Merton reprend cette notion et élabore une théorie de la criminalité s'appuyant sur le *fossé qui existe chez les individus entre les valeurs qu'ils cherchent à atteindre et les moyens légitimes dont ils disposent pour y arriver:* tous n'ont pas les mêmes opportunités. Les valeurs proposées et désirées n'étant pas accessibles à tous (notamment parce qu'ils n'ont pas la même capacité d'employer les moyens légitimes) la société va se trouver écartelée dans ses normes et donc ne plus en avoir: c'est l'anomie (1938, 672).

Les objets que la société valorise sont utilitaires et matériels. Les accès au succès sont cependant sévèrement réglementés par les normes socioculturelles. Or certaines couches de la société ont plus de facilités pour à la fois assumer ces règles et atteindre le succès. Certains milieux gardent ces objectifs mais refusent de se soumettre aux réglementations qui jalonnent la route menant au succès.

Plus concrètement, les classes inférieures (la classe ouvrière!?) sont moins bien outillées que les classes moyennes pour s'adapter à la culture dominante du pays.

Pour Merton, *« dans une société qui souffre d'anomie, les vertus ordinaires de diligence, d'honnêteté et de gentillesse semblent peu rentables; c'est dans ces sociétés que les individus mettent l'accent sur le rôle de la Fortune, de la chance, du sort. ... La doctrine de la chance leur permet de conserver leur estime de soi »* (1965, 182).

Cloward et Ohlin (1960) se situant très clairement dans la lignée de Merton, réalisent une synthèse entre la position de Merton et les apports de Sutherland sur les associations différentielles et la transmission culturelle. Ces théories proclament que l'acte déviant n'est pas le fait d'une activité psychique solitaire mais est une activité sociale, c'est-à-dire à laquelle les autres personnes donnent un sens, une valeur, jouant ainsi un rôle dans sa production.

Lorsque Cohen (1955) développe une théorie sur les bandes délinquantes, il situe leur origine dans un refus d'adaptation consécutif à une frustration qui conduit à l'agression à l'égard des valeurs des classes moyennes. Il insiste, lui aussi, sur la sous-culture et plus particulièrement sur celle des enfants de classes ouvrières. A partir de la description de la structure et des rôles dans les bandes, Cohen conclut que la frustration des enfants de classes ouvrières serait à la base des sous-cultures délinquantes dans les villes et que l'agression serait un mécanisme de défense contre l'angoisse de ne pas atteindre les buts de la société.

Ces théories envisagent au départ des facteurs mésologiques tels que l'anomie, puis elles glissent vers une notion de sous-culture mesurée au niveau de la constitution de bandes. D'autres études, qui font appel à une structure socioculturelle pour expliquer la déviance, réalisent le même glissement car elles mesurent les facteurs mésologiques au niveau d'une cellule sociale restreinte comme par exemple la famille et non pas au niveau d'une entité sociale plus large.

Dix ans plus tard, Cohen (1965, 12) tente une reformulation de sa théorie en la rapprochant de manière très intéressante de la théorie de l'identité sociale née à la suite de G.H. Mead et à laquelle nous faisons également référence.

Dans ce contexte, l'acte déviant serait un *moyen d'affirmer son identité et de valider son rôle* plutôt qu'une tentative de réduire les tensions, comme la théorie de l'anomie semblait le présenter auparavant.

Dans cet article, Cohen reflète bien un second courant qui est visible dans les ouvrages traitant de l'anomie. Il s'agit de l'emploi du *concept d'anomie*[1] *comme dimension psychologique*. La piste de réflexion proposée par Cohen ci-dessus et que nous voudrions suivre aussi n'a cependant guère été exploitée alors que l'usage du concept d'anomie comme dimension psychologique a conduit à l'éclosion de nombreux articles sur «l'aliénation».

Ainsi D.G. Dean (1961) propose d'opérationnaliser le concept Durkhémien d'anomie en un sentiment d'aliénation qui comprend le sentiment d'impuissance, le manque de but donné à l'existence, la perte des valeurs intrinsèques et socialisées, l'isolement social. Cette manière de concevoir l'anomie est clairement expliquée dans l'article de H. McClosky et J.H. Schaar intitulé «Psychological dimension of anomy» (1965) ainsi que chez M. Abrahamson (1980) et W. Simon.

Dans cette lignée, Seeman (1972) fait une analyse très fine des sentiments qui accompagnent l'aliénation tout en faisant remonter cette notion à Durkheim en passant par Merton. Ainsi, il nous conduit à voir dans la notion d'intéro-extéro-détermination de Rotter une opérationnalisation de cette aliénation[2].

Les usages faits par la recherche criminologique française du concept d'anomie, s'apparentent à ceux dont nous venons de mentionner l'existence.

La manière dont Peyre et Malewska (1973, 30) intègrent la notion d'anomie dans leur démarche mérite d'être reprise :

« La déviance est aussi caractéristique d'une société que la conformité. Il est impossible d'introduire une réflexion sur la déviance sans s'arrêter

---

[1] Les différents termes Anomia, Anomie et Anomy ne sont pas toujours employés à bon escient.

[2] Nous reprendrons ce courant de pensée dans le chapitre consacré à l'internal-external locus of control ou intéro-extéro détermination.

un instant sur la notion de norme. Sans cette référence aux normes, dit Dinitz, on ne peut pas parler de déviance puisque ce sont justement les normes qui forment le code fondamental du comportement, le modèle à partir duquel on définit, on juge, on sanctionne la déviation. Dinitz dit que les mœurs (normes) peuvent définir comme déviante à peu près n'importe quelle conduite, depuis la plus innocente jusqu'à la plus pernicieuse...

Il nous semble que plus la société est homogène, plus le consensus général envers les mœurs est grand et moins la société est anomique. Au contraire, plus la société est hétérogène et plus les normes diffèrent selon les couches sociales et ethniques, moins le consensus sur ce qui est bon ou mauvais est général. Un autre élément essentiel à l'apparition d'une certaine anomie est le changement entraînant une transformation de la société».

Nous pensons donc que, lorsque le concept est employé au sujet d'une personne, il doit nécessairement renvoyer à une dynamique psychologique qui met en balance les opportunités et les aspirations. Par contre, lorsqu'il est employé pour un agrégat social, il doit être simplement considéré comme un construct hypothétique s'appuyant sur des indicateurs sociaux, tels que la désorganisation sociale, l'anonymat, l'hétérogénéité des populations, les migrations internes et externes.

B. Appartenance sociale et délinquance

Jusqu'à l'adolescence, l'environnement primaire de la personne est sa famille. Cette famille vit dans un environnement qui présente des caractéristiques différentes selon le statut socio-économique. Les indicateurs de statut socio-économique renvoient à la fois à des caractéristiques de la vie quotidienne dans la famille (nourriture, qualité du logement, usage des commodités...) et aux caractéristiques de l'environnement (vie dans un quartier résidentiel ou dans un quartier d'habitations sociales, fréquentation de certains lieux, attitudes des amis, de la famille...).

Dans une recherche sur la délinquance, il est impossible de passer sous silence le rapport qui peut exister entre l'appartenance sociale et la délinquance. La plupart des auteurs ne manquent pas de traiter ce sujet mais ils négligent souvent de préciser:
- le niveau auquel la délinquance est mesurée: délinquance officiellement constatée ou délinquance auto-révélée?

- le niveau auquel les données sont saisies: niveau agrégé (dans un quartier par exemple) ou niveau individuel?

Lorsqu'une relation entre appartenance sociale et délinquance sera observée, il faudra préciser dans quelle case du tableau ci-dessous elle devra figurer.

		Mesures	
		au niveau individuel	au niveau agrégé
Délinquance	officielle		
	auto-révélée		

En outre, deux remarques importantes sont à formuler:

- les indicateurs de statut socio-économique sont-ils appréhendés indépendamment de la personne? En effet, le statut socio-économique peut être une caractéristique de la personne ou de son environnement. Cette question se pose avec acuité lorsqu'on demande à un enfant de mentionner la profession de son père.

- l'appartenance socio-économique est-elle un phénomène idéologiquement neutre? En effet, le simple usage des termes peut être considéré comme une prise de position dans un débat théorique: fait-on référence à des classes sociales ou à une stratification sociale?

Ce n'est qu'en tenant compte de ces questions que l'on peut analyser le rapport entre l'appartenance sociale et la délinquance.

Apport de la perspective écologique

Examinons d'abord l'apport des approches de type écologique en prenant pour base l'article où R.A. Gordon (1967) réanalyse les données fournies par Lander (1954) de manière à bien mettre en évidence le rapport entre quartier à statut socio-économique bas et taux de délinquance.

Lander fit une des meilleures études sur les données sociologiques de quartiers et le nombre de délinquants dans ces quartiers.

Dans cette étude spatiale, il procède à une analyse factorielle des variables supposées être liées à la délinquance et met en évidence deux variables indicatrices d'anomie. L'étude a été réalisée à Baltimore à partir des îlots de recensement.

Selon l'auteur, les *indices d'instabilité* (nombres de déménagements, changements de composition familiale,...) dénotent une désorganisation sociale (mesurée par le pourcentage bas des propriétaires et le taux élevé de la population noire par quartier) et correspondent donc à des indicateurs d'anomie, les seuls à être en relation avec la délinquance dans son étude. Ceci prouverait que l'anomie conduit à la délinquance.

R.A. Gordon, dans sa démonstration, conteste l'utilité du concept d'anomie prôné par Lander comme explicatif parce que l'analyse factorielle met en évidence une seule dimension socio-économique : le statut socio-économique des quartiers. Les variables utilisées étant toutes des variables de tendance centrale (pourcentage) et non pas des variables d'hétérogénéité qui, elles, auraient été plus sûrement des indicateurs d'anomie, on ne peut pas énoncer de conclusion nette.

Hirschi et Selvin (1975) font également une critique sévère des travaux de Lander dans la citation ci-dessous (1954, 71) :

« *Dans le quartier* n° 11-1 et pour une moindre mesure dans le quartier n° 11-2, le taux réel (de délinquance) est inférieur au taux attendu. Ces déviations (du taux réel de délinquance par rapport au taux prévu par un calcul basé sur le rapport entre propriétaires et locataires) ne font-elles pas ressortir le danger d'imputer une signification causale à un indice en tant que tel, en dépit de sa signification statistique dans une formule prévisionnelle ? Il est faux de conférer une signification causale à la propriété d'un logement en tant que telle. Dans le cas présent, l'auteur émet l'hypothèse que le taux de propriétaires de logement est probablement fortement corrélé avec le degré d'anomie de la communauté, et en constitue donc une mesure ».

On retrouve fréquemment dans la recherche sur la délinquance ce refus de donner aux variables mesurables le statut de cause. Dans le passage cité ci-dessus, la propriété d'un logement, l'éducation obligatoire, le service militaire, les loisirs et le travail précoce sont mis en doute en tant que causes de délinquance. On les remplace en tant que causes par l'anomie et d'autres « facteurs profondément enracinés ou implantés dans la culture ». L'appel aux variables abstraites, par opposition aux variables plus directement mesurables, semble avoir une force de persuasion particulière. Pourtant ces concepts très généraux contiennent une telle quantité de variables directement mesurables qu'elles ne veulent plus rien dire. Ainsi, sans faire référence à des concepts plus larges, on peut voir que des différences de statut socio-économique co-varient avec des différences de taux de délinquance officiellement constatée dans des aires géographiques.

De tout temps, les zones de taudis ont été considérées comme pourvoyeuses de délinquants. Plus généralement, la délinquance officiellement constatée semble plus forte dans les zones où les habitations défavorisées sont les plus nombreuses.

Aussi bien en Grande-Bretagne (T. Morris, 1957) qu'aux Etats-Unis (Shaw et McKay, 1969) ou en France (Chombart de Lauwe M.J. cité in Kellens, 1980), les quartiers où habitent les délinquants se caractérisent par un nombre plus élevé d'habitations vétustes, par un nombre plus élevé des familles au niveau socio-économique bas et par un taux élevé de chômage. Alors que les explications du phénomène sont diverses et souvent contradictoires, le fait d'une relation entre délinquance officiellement recensée et le statut socio-économique bas des quartiers semble bien établi (Bakomera, 1980).

Apport de la perspective individuelle

Au niveau d'une mesure individuelle du statut socio-économique, W. Kvaraceus (1954) a fourni une présentation comparative des données issues de cinq études fondamentales sur des groupes contrastés de délinquants et non-délinquants.

Les cinq études envisagées sont celles de: W. Healy et F. Bronner réalisée en 1936 sur 461 enfants, de Kvaraceus lui-même sur 861 jeunes en 1941, de W.W. Wattenberg sur 2.000 cas en 1947, de M.A. Merrill sur 600 cas en 1947 et de S. et E. Glueck sur 1.000 jeunes en 1950. Les pourcentages présentés montrent des différences significatives considérables sur tous les indicateurs de statut socio-économique des parents. Manifestement, on note pour les jeunes délinquants un pourcentage beaucoup plus élevé de parents ayant un bas revenu, un faible statut professionnel, vivant dans des conditions de logement défavorables, recevant de l'assistance financière,...

Ces constatations classiques ont été remises en question lors de l'apparition des études utilisant les questionnaires de *délinquance auto-révélée*. Aussi, après quelque 30 années de recherches sur cette nouvelle base, on peut résumer le débat en se référant à D.S. Elliot et S.S. Ageton (1980) qui fournissent une critique méthodologique de ces différentes études.

Selon eux, ces différences sont attribuables aux types de mesure de délinquance utilisées dans les deux cas. Pour les questionnaires auto-révélés, il n'y a guère de distinction entre les types de délits tandis que dans les mesures de délinquance officielle, il y a une spécification plus grande du type de délits. Ainsi, lorsqu'ils affinent la mesure de délinquance auto-révélée, ils constatent une liaison plus grande entre délinquance et classe sociale.

De la même manière, Hindelang et Al (1981) montrent que le rapport entre la race et la délinquance est généralement du même ordre de grandeur que dans les rapports officiels, *au moins pour les délits les plus graves.*

Ainsi, à la suite de Nye et Short qui ont proclamé que le statut socio-économique et la délinquance auto-révélée n'avaient pas de rapport, on a souvent prétendu que ce sont ou les mesures officielles, ou les mesures de délinquance auto-révélée qui sont inexactes.

Les données fournies par Hindelang et Al montrent qu'*en fait il n'y a pas d'antinomie entre les deux approches.*

« Quand la relation entre classe sociale et délinquance officielle est petite, la relation entre classe sociale et délinquance auto-révélée est également petite. Il n'y a pas de biais systématique apparent, ni dans les mesures auto-révélées, ni officielles de la délinquance associée à la classe sociale lorsque cette mesure est réalisée au niveau individuel... Par contre, au niveau écologique, les données révèlent que les mesures officielles de la délinquance peuvent contenir un facteur écologique qui est également associé à la classe sociale. Les mesures de classes sociales réalisées au niveau écologique montreront donc une relation entre délinquance et classes sociales plus grande que si la classe sociale était mesurée au niveau individuel ».

Ces remarques nous conduisent enfin à re-situer les différentes approches par rapport à l'explication théorique dont les auteurs se servent.

1. *Le modèle « culture déviante »* rend facilement compte d'un taux élevé de délinquance dans les couches inférieures de la société. Ce taux différentiel serait directement causé par la sous-culture des « slums »[3]. Par contre, le modèle n'explique pas les faibles associations systématiques entre le statut socio-économique des familles et la délinquance. Il se heurte également à la difficulté de mettre en évidence de vraies sous-cultures différentes à l'intérieur des strates sociales.

2. *Le modèle de tensions (« strain model »)* prédit uniformément un taux élevé de délinquance chez les jeunes à statuts socio-économiques

---

[3] Les slums sont les quartiers pauvres et taudisés des grandes villes américaines.

bas puisque nécessairement ils attendent plus qu'ils n'ont; toutefois, on a rarement mis en évidence chez les pauvres une tension plus grande.

3. *Les modèles du contrôle social* basent leur argumentation sur la force du lien social (au niveau de la famille et de l'école). On observe que la force du lien à la famille et à l'école est en rapport avec le statut socio-économique; en conséquence, il y aurait également relation entre délinquance et statut socio-économique même si des auteurs comme Nye et Hirschi ne présupposent pas cette relation dans leur théorie.

Dans sa comparaison des trois modèles, Kornhauser estime qu'aucun des trois n'est apte à rendre compte des différences entre les observations faites au niveau individuel et au niveau écologique.

Par contre, elle voit dans le *modèle mixte*, proposé par Shaw et McKay, qui est qualifié par elle de «community control model», la solution à ce problème.

En effet:

«Le modèle du contrôle communautaire ne requiert pas une relation universelle entre le statut socio-économique individuel et la délinquance; c'est le seul modèle qui donne une explication raisonnable à cette absence... Les variations de la corrélation entre statut socio-économique et délinquance reflètent les variations des contextes sociaux différents».

Il nous semble cependant que ces diverses positions ne permettent pas de rendre compte pleinement des différences observées car elles restent enfermées dans une même logique d'analyse de la délinquance. Il est en effet possible de concevoir une *explication qui fait état du fait que l'ordre des phénomènes observés au niveau individuel et au niveau écologique n'est pas le même*. C'est cette position qu'adopte la criminologie de la réaction sociale.

Chapitre 3
La criminologie de la réaction sociale : déviance ou délinquance ?

A côté de cette criminologie du passage à l'acte dont nous venons de présenter les idées importantes pour notre recherche, un nouveau courant de pensées est, depuis quelques années, apparu en criminologie. La criminologie de la réaction sociale trouve son origine dans les travaux de Lemert (en 1951) et des interactionnistes américains tel que H.S. Becker (1963) qui ont développé la problématique de l'étiquetage social.

La découverte de l'importance du «labeling» pour la compréhension de la délinquance ne fait qu'amorcer l'analyse de la réaction sociale. Le processus d'étiquetage n'est somme toute qu'un élément supplémentaire dans l'approche explicative du passage à l'acte.

Dans les années 60, la criminologie s'est tournée de plus en plus résolument vers l'analyse de la réaction sociale avec comme objectif la réforme du système judiciaire. Par leurs travaux, les chercheurs ont clarifié les mécanismes sociaux qui produisent et désignent les délinquants (Ph. Robert et Kellens, 1973).

Leurs analyses montrent que les études qui reposent sur des statistiques émanant des tribunaux ou encore sur des populations choisies par l'intermédiaire des agences spécialisées (polices, tribunaux, prisons, institutions pour mineurs délinquants) renseignent davantage sur le fonctionnement de ces entrepreneurs moraux que sur les individus concernés.

Ainsi, lorsque Chamboredon (1971) montre *comment l'objet de la criminologie est construit*, on comprend qu'il y a deux manières essentielles de le construire: *soit en étudiant une population choisie indépendamment du système judiciaire, soit en étudiant une population sélectionnée par ce système et qui ainsi renvoie à ce système.* En conséquence, une théorie compréhensive globale de la délinquance doit rendre compte des *deux* modes de construction.

1. CLARIFICATION DES CHOIX DE POPULATION

Les réflexions issues de la criminologie de la réaction sociale apportent une clarification des choix de la population utilisée.

En effet, pour mettre à l'épreuve des théories concernant la délinquance, on utilise souvent un groupe défini comme *délinquant* par une agence de contrôle social. Si ce groupe est comparé à un groupe contrôle *non délinquant* on ne peut en aucune manière être sûr de la portée réelle des différentes découvertes. Ainsi, beaucoup d'études ont essayé d'isoler les caractéristiques psychologiques des délinquants sur base de telles méthodes. Il s'agit d'un choix de population fortement biaisé, puisque l'on sait que ce n'est qu'une infime part de ceux qui ont commis des actes délinquants qui sont connus de la Justice. En outre, parmi ceux qui sont connus, il n'y en a de manière générale que 1 sur 30 qui fait l'objet d'une poursuite et seulement quelques-uns qui sont emprisonnés ou placés en maison d'éducation surveillée.

Aucune de ces études ne porte donc réellement sur les délinquants mais bien sur la sélection, par le système, de personnes qui présentent des *caractéristiques mises en évidence* par le système qui les sélectionne.

Le choix de la population à étudier comporte une option implicite au niveau théorique.

Populations étudiées	Unité d'analyse réelle	
	L'individu	Le système judiciaire
1. exclusivement délinquantes selon une définition officielle	non	oui
2. un groupe délinquant et un groupe contrôle (non-délinquant) selon une définition officielle	non	oui
3. une population « tout venant »	oui	non

Pour la criminologie de la réaction sociale, c'est bien entendu l'étude du système qui est importante et donc l'intérêt pour les individus n'est que prétexte à cette analyse plus globale.

Cette vision *ne remplace donc en rien la criminologie du passage à l'acte, elle la complète pour autant que l'on prenne garde à effectuer un choix raisonné d'une population adéquate.*

Dans cette seconde perspective, une étude empirique de la réaction sociale qui voudrait s'appuyer sur un questionnaire auto-révélé passerait immanquablement à côté de son objet puisque le questionnaire n'apporte de renseignements que sur la perception du sujet répondant. Il ne peut en aucune manière nous renseigner sur les relations de groupes et la production sociale de la déviance, puisque le répondant (qu'il soit ou non déviant) n'est qu'une parcelle du groupe social et ne peut pas être considéré comme représentatif d'un groupe d'appartenance. De plus, le sujet répondant ne peut donner des renseignements que sur sa perception de la réalité et de sa propre déviance. Ceci n'a guère de sens dans la perspective interactionniste puisque c'est se situer au niveau individuel et comportemental, alors qu'il faudrait toujours voir le déviant ou l'acte déviant comme «une personne ou un acte défini en tant que déviant ou délinquant» par un groupe autre que le groupe d'appartenance du sujet. Les seules études possibles dans cette ligne seraient expérimentales comme celles de Milgram ou celles réalisées sur base des dossiers des tribunaux, c'est-à-dire ayant trait à la délinquance officielle (Mugny, 1978).

2. CLARIFICATION DES CHOIX DE DEFINITIONS

Le deuxième apport essentiel de la criminologie de la réaction sociale est d'avoir sensiblement clarifié le débat au niveau de la définition de la délinquance. On peut maintenant situer la délinquance dans le contexte général de la déviance, puisque c'est le *système qui décide qui, parmi les déviants, est délinquant.* Cet apport est particulièrement appréciable pour la problématique de la délinquance juvénile.

En effet, lorsque l'on envisage le problème de la marginalité des jeunes par rapport aux normes sociales en vigueur dans notre société, on doit se montrer extrêmement nuancé. La place de l'adolescent dans la société n'est pas claire, les rôles que l'on attend de lui ne le sont pas davantage. Notre société, dans son ensemble, évolue et a évolué notablement durant les dernières décennies en fonction de la croissance économique que les pays occidentaux ont connue. Ainsi, on ne peut en aucune manière dire que la perception que les jeunes ont de l'univers et de la société soit réellement comparable à celle des adultes. De même, on ne peut pas dire que ce qui était marginal il y a quelques années seulement l'est encore actuellement: la croissance économique a mis à la portée d'une majorité un grand nombre de biens de consommation (par exemple: la voiture ou la télévision) ou des comportements (par exemple: les voyages au Moyen-Orient) qui, il y a quelques années seulement, n'étaient le fait que d'une minorité considérée comme marginale.

Ainsi, les termes «explorateurs», «originaux», «excentriques», «millionnaires» évoquaient ces minorités qui maintenant ne sont plus identifiables car elles se perdent dans la foule cosmopolite. En ville, par exemple, on ne se retourne plus guère sur le passage de personnes dont l'attitude ou la présentation sortent de l'ordinaire. Ainsi, pour les jeunes, il semble que le non-ordinaire fait à ce point partie de la vie quotidienne qu'il en devient banal. En fonction de quel critère peut-on juger la marginalité, et sur base de l'avis de quelle population? Est-ce l'homme de la rue, le juriste ou les jeunes eux-mêmes qui pourraient discerner la marginalité de la non-marginalité?

Les discussions théoriques ne manquent pas; elles font appel, soit à des définitions légales, soit aux échelles de gravité et à l'opinion publique pour distinguer ce qui est marginalité de ce qui est délinquance. Ou alors elles se réfèrent à la théorie du contrôle social pour considérer comme délinquance ce qui est connu des instances contrôlantes de la société. A ces tentatives s'ajoutent celles qui se basent sur la délinquance auto-révélée et qui de ce fait tendent vers une définition opérationnelle de la marginalité en terme de non-normalité statistique.

On peut retenir que dans *toute la gamme des comportements sociaux, un certain nombre présentent la caractéristique de ne pas renforcer la cohésion sociale. Quel que soit le jugement que l'on porte sur ces conduites, on peut s'accorder à reconnaître qu'elles participent à une rupture du lien social: cette rupture peut être bénigne ou bien très grave. Ces actes peuvent donc être situés sur un continuum théorique qui va de l'acte de non-confiance le moins dommageable jusqu'à l'acte de transgression le plus dommageable au corps social dans son ensemble.*

Les positions intermédiaires de ce continuum sont occupées par les actes marginaux, les transgressions mineures des lois et les possibilités de délinquance.

Marginalité faible ⎯⎯⎯⎯⎯► Moyenne ⎯⎯⎯⎯⎯► Forte (crimes)

Cette définition relative qui considère la délinquance comme une des formes les plus dommageables de la marginalité est utilisée par Jessor et Jessor (1977) qui, par exemple, n'hésitent pas à considérer la non-pratique religieuse et les expériences sexuelles hors mariage comme des formes de marginalité dans les sociétés où les valeurs dominantes sont de type chrétien.

Un autre exemple peut être trouvé chez les piétons belges qui en majorité ignorent les feux rouges alors que les automobilistes les respectent. En fait, ces derniers sont les mêmes individus qui à pied traversent lorsque le feu est rouge, s'ils constatent qu'il n'y a pas de risque. Par contre, au volant de leur voiture, alors qu'il n'y a personne en vue car toutes les rues sont désertes, ces mêmes personnes ne franchiront pas le feu rouge. Cette différence de comportement d'un même individu en fonction des circonstances est en tout cas révélatrice de transgressions qui sont possibles dans certaines situations et pas dans d'autres sans que le sens moral, ni même la peur de la sanction, les déterminent.

Le piéton commet un acte marginal mineur, tandis que l'automobiliste commettrait un acte marginal sérieux de type délinquant. Le mécanisme qui permet à l'individu de modifier ainsi la portion du bien et du mal en fonction de la situation, paraît s'appuyer sur l'apprentissage social. A force de voir tout le monde appliquer un règlement dans son esprit et non dans sa lettre, il y a généralement une différenciation qui s'opère dans le jugement de la personne. Les modèles ne déterminent donc pas simplement les normes, mais également les variations tolérées autour de ces normes.

Comme le remarque Ph. Robert (1973, 475) un tel continuum linéaire partant de la non-déviance, passant par la déviance a-typique et aboutissant à la déviance criminelle, se justifie-t-il? N'y a-t-il pas des sauts qualitatifs selon les entrepreneurs moraux qui décident de la déviance?

Quelle est l'organisation sociale, quel est le groupe d'appartenance qui a décidé des normes et du moment où elles sont transgressées? Ainsi, il est bien difficile de ne pas être déviant par un aspect.

« C'est que la déviance se définit seulement par rapport à la norme et il existe au moins trois acceptions de celle-ci: comme moyenne ou valeur modale d'une variable; comme comportement le plus caractéristique d'un groupe social (au niveau des perceptions, opinions et attitudes); comme règle acceptée par les membres d'un groupe social».

Or qui dit règle, dit que tout changement des règles entraîne des modificiations de ce qui est considéré comme déviance.

Ainsi donc, il est plus sage de considérer que la délinquance n'est pas sur le continuum de la déviance, mais qu'elle a avec la déviance une frange d'intersection.

A la suite de Kutchinsky, Ph. Robert reprend le schéma suivant:

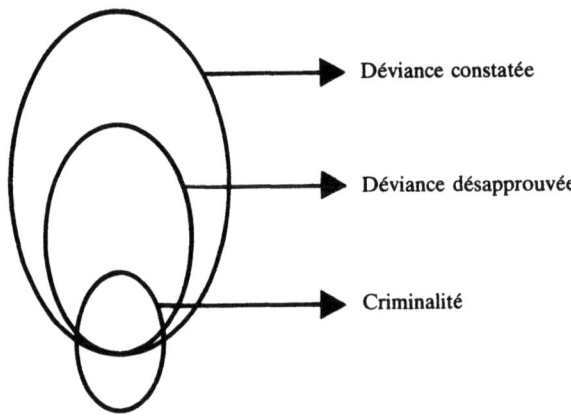

Ainsi, on peut, empiriquement, prendre un ensemble d'items correspondant à l'ensemble «déviance désapprouvée» et essayer de dégager une logique empirique (de mesure) qui permette d'établir une mesure sensible et fiable du phénomène.

Cette vision de la déviance et de la délinquance nous permettra de comprendre comment sera réalisée la construction de l'échelle auto-révélée des comportements déviants (y compris ceux potentiellement délinquants) dans la première partie empirique du travail.

3. CLARIFICATION DU NIVEAU EXPLICATIF

Ces remarques sur l'objet d'étude conduisent à des clarifications quant à la portée de ce qui est susceptible d'expliquer la déviance ou la délinquance. Au sens strict, selon la théorie de la réaction sociale, la délinquance ne peut être expliquée que par le système et les appareils de contrôle judiciaire. De même, la déviance ne peut être expliquée que par le processus, parfois fort lent, qui amène les individus à être considérés comme déviants.

Plutôt que de se limiter à cette interprétation stricte, les différents auteurs de cette école prennent en compte d'autres facteurs explicatifs.

Ainsi Mugny (1978), à la suite de Chamboredon et de Ph. Robert, estime qu'il ne faut pas se contenter de l'approche naturaliste qui trouve les fondements de la déviance dans les caractéristiques «naturelles» des déviants. A l'opposé, il y a la perspective «interactionniste» qui considère que la déviance est de nature sociale.

«... *créée par l'universalisation de ces normes, imposée par les entêtes sociales dominantes, un individu ou un groupe ne devient effectivement déviant que lorsqu'il est reconnu comme tel...*»

On insiste donc sur la production sociétaire de la déviance comme fruit d'une régulation sociale et du rapport entre groupes sociaux. La vision de la déviance comme phénomène interne à un groupe est remplacée par une interprétation qui fait appel à des effets provenant de relations entre groupes qui peuvent avoir des normes différentes.

Ce raisonnement nous permet de voir que la déviance définie dans le courant criminologique actuel de la réaction sociale est un phénomène qui fait appel à l'appartenance à un groupe dominé ou dominant, ayant des normes identiques ou non à celles de la société et à un système de valeurs et d'aspirations proches ou non de celui de la société.

On doit compléter cette théorie en distinguant deux formes de dominance car un groupe dominant peut fort bien imposer des règles à un groupe dominé (sans que le dominant ne les respecte lui-même). Il y a donc la dominance accordée à un groupe en raison de son nombre; il est la majorité qui établit les normes. Par ailleurs, il y a la dominance accordée à un groupe parce qu'il a le pourvoir social; il est la classe dirigeante qui établit également les normes.

En conséquence, la conception interactionniste de la déviance repose au moins partiellement sur les mécanismes d'identité du groupe d'appartenance. Sans ces mécanismes, la réaction sociale et les rapports entre groupes sociaux dans la définition de celui qui est déviant n'auraient pas d'effets sur l'individu.

De même, les divergences, les normes, les valeurs qui existent entre les groupes d'appartenance sont des éléments essentiels dans l'explication de la production de la déviance sous l'angle interactionniste: le quartier et les groupes d'appartenance, les valeurs, les normes qu'ils véhiculent, ont une place dans la formation de l'identité de l'individu. A son tour, cette identité facilite ou entrave le passage à l'acte délinquant.

4. CONCLUSIONS

Ayant donc indiqué, par rapport aux grandes théories criminologiques, les points les plus importants pour notre propos, nous formulerons ici les indications que nous en avons tirées pour notre démarche.

Au niveau de la psychologie, les théoriciens de l'individu en situation se sont fortement inspirés des tenants de l'ethnométhodologie (Garfinkel) et des travaux de Goffman (stigma et présentation de soi dans la vie quotidienne) pour construire une approche nouvelle. Celle-ci répond à notre préoccupation.

Dans l'étude de l'individu en situation, on ne peut se contenter de situer l'individu dans son environnement physique immédiat; c'est pour cette raison que nous avons cherché à découvrir, pour la délinquance, quels sont les paramètres de milieu à prendre en considération. A ce niveau, les théories du passage à l'acte et les théories de la réaction sociale sont toutes deux utiles.

Les premières s'attachent *à décrire le milieu* qui, suppose-t-on, influence l'individu pris personnellement; tandis que les secondes *décrivent le système social* directement lié à la problématique de la déviance. Ainsi dans la première optique, on peut essayer de mesurer les facteurs sociaux en relation avec la déviance individuelle. Dans la seconde, on étudie l'ensemble des règles et des agences de contrôle social qui constituent l'environnement spécifique de la construction de la déviance.

Cette double focalisation est difficile. La psychologie de l'individu en situation nous aide à formaliser la démarche.

Les principes essentiels, décrit par S. Wapner (1978), pour l'approche de l'individu en situation sont les suivants:
- C'est «l'organisme-dans-l'environnement» qui est l'unité d'analyse.
- L'approche se focalise sur l'aspect expérientiel.
- L'individu est supposé prendre part à la construction active de son environnement.
- L'analyse de l'individu-dans-l'environnement cherche à comprendre les structures et les dynamiques.
- L'ensemble formé par l'individu et l'environnement fonctionne comme un tout.
- L'individu est capable de prendre en considération des objets différents d'expérience tels que le soi, l'environnement et la relation entre soi et l'environnement.

- L'environnement est multiple : le monde familial, le monde scolaire...
- L'environnement comprend plusieurs niveaux : physique, objectal, socioculturel, normatif (lois, normes).
- Les échanges avec l'environnement existent en terme d'aspect cognitif (objet de connaissance), affectif (tonalité émotionnelle) et évaluatif (jugé en fonction de normes).
- Les systèmes individu-environnement sont évolutifs; ils changent selon les processus développementaux et ils peuvent être réorganisés en fonction des perturbations qui surgissent.

Ces différents postulats sont suffisamment généraux pour permettre une grande souplesse dans l'utilisation empirique.

Ce cadre théorique a donné naissance à des recherches sur la manière dont les schizophrènes se situent dans leur milieu hospitalier, sur les valeurs véhiculées par les mères issues de différentes cultures, sur le développement social de l'enfant et la manière dont il maîtrise son espace : Wapner, Cohen et Kaplan (1973) et Ciottone (1979) ont principalement développé les méthodes par lesquelles l'individu se situe dans son environnement physique (dessin du quartier). Nous reprenons ici le schéma théorique général, car il permet une approche à deux niveaux comme celle que nous avons entreprise.

En outre, les constatations faites à propos des études réalisées sur l'anomie nous ont montré l'intérêt de voir comment l'individu peut être en interaction avec un environnement social plus large, mesurable au niveau du quartier où il vit. Ainsi, nous avons essayé d'opérationnaliser des mesures des caractéristiques sociales du quartier qui puissent être appliquées aux individus.

Le débat crucial sur le rôle de la classe sociale dans la genèse de la délinquance nous a conduit à prendre en compte cette caractéristique fondamentale de l'environnement. L'individu est baigné dans une cellule sociale familiale qui lui donne une position inéluctable sur l'échelle de la stratification sociale. Nous avons donc pris soin de mesurer l'appartenance sociale de l'individu.

Ces deux aspects seront traités dans la démarche empirique.

Nous retiendrons également des théories de la réaction sociale une très grande exigence dans les critères de choix de la population et de la mesure de la déviance.

Si l'on prend en considération un jeune de 18 ans qui, dans sa vie quotidienne, pose une série de comportements dont certains relèvent de la problématique de la déviance, on constate que la simple évaluation de ce qui est déviant ou non est déjà très difficile à réaliser par un observateur étranger. Pour l'individu lui-même, cette évaluation n'est pas simple non plus.

Cette évaluation va tenir compte de son vécu présent et passé, du milieu de vie qu'il s'est choisi, des valeurs qui l'entourent et aussi de la direction qu'il a donnée à son existence. L'imbrication de facteurs individuels et sociaux est donc patente déjà dans la simple évaluation du caractère marginal ou non d'une conduite. Cette imbrication est a fortiori plus grande encore lorsque l'on veut comprendre la genèse d'ensembles comportementaux plus complexes.

Ainsi, il semble plus raisonnable au niveau individuel de bien comprendre d'abord l'imbrication de ces facteurs au niveau synchronique (dégager une structure ou des correspondances de structures) avant d'entreprendre des tentatives explicatives qui n'ont de sens que dans une approche diachronique. Pourtant, les théories présentées ont toutes des ambitions explicatives et, même si les démonstrations empiriques manquent, elles sont fondées sur des observations et des hypothèses très riches.

Ainsi, il est nécessaire dans une démarche empirique synchronique de disposer d'hypothèses causales sous-jacentes, même si elles ne sont pas mises à l'épreuve comme telles. En effet, pour tester l'existence de structure de relations entre l'individu et le milieu, il faut avoir au moins une hypothèse causale de l'effet du milieu sur l'individu; sinon, comment un élément du milieu peut-il être relié à un comportement individuel?

C'est *le mécanisme de l'apprentissage social* qui montre la filiation la plus évidente avec les différentes théories sociologiques présentées ci-dessus et qui peut être considéré comme le mécanisme le plus apte à rendre compte d'une influence du milieu sur l'individu.

Nous serons donc amenés dans la partie suivante, à présenter les différents mécanismes psychologiques supposés intervenir dans la construction du comportement déviant et à présenter également en fonction de notre propos la théorie de l'apprentissage social.

Chapitre 4
L'apprentissage social
des conduites déviantes

La parenté entre le courant de l'apprentissage social et les théories criminologiques comme celles de l'association différentielle de Sutherland est tout à fait évidente. De nombreux auteurs tels Burgess et Akers (1966) ou Bandura (1980) font explicitement appel à l'apprentissage des conduites déviantes au sein du groupe comme principe explicatif de la délinquance.

Partant des théories de la socialisation telle celle de Rotter (1966) (attente d'un résultat et valeur accordée à ce résultat), Jessor et Jessor (1977) proposent un modèle théorique dans lequel le comportement déviant survient lorsque l'attente d'un but valorisé (comme la conformité à un groupe de pairs par exemple) est plus grande que l'attente d'un but non valorisé. Ces auteurs, à propos de la compréhension de la toxicomanie, intègrent dans un modèle général la constatation empirique de l'importance de l'apprentissage par le groupe des pairs.

Le modèle de Jessor et Jessor présente comme variable dépendante le système comportemental dans lequel les comportements de conformité (par exemple, la pratique religieuse ou la réussite scolaire) sont opposés aux comportements déviants (drogues, délinquance mineure, consommation de boissons alcoolisées). Ils mettent deux systèmes en relation avec cette variable dépendante : celui de la personnalité (comportant la motivation, les croyances et le contrôle personnel), ainsi que celui de l'environnement perçu (comprenant l'attitude des parents et des pairs). Mis à l'épreuve sur 432 étudiants suivis pendant 4 ans, ce modèle a été utilisé pour étudier la variance des comportements en ce qui concerne la prise de marijuana. Il en a rendu compte à 50 %.

De manière similaire, Conger (1976) compare la théorie de l'apprentissage social (Bandura) aux modèles du contrôle social (Hirschi, 1969). L'analyse qu'il effectue montre que les *attachements* ont une influence prépondérante sur l'adoption de comportements délinquants. De cette manière, ce sont les mécanismes d'apprentissage par observation, décrits dans les études sur l'apprentissage social, qui sont confirmés pour l'apprentissage de la délinquance. Les données fournies par l'auteur relèvent que certains aspects spécifiques du lien parents-enfants sont essentiels.

Le comportement des parents renforce les valeurs qui sont déterminantes pour la délinquance et la non-délinquance.

L'auteur conclut que la notion de lien social (issu de la «control theory») doit être combinée aux notions issues des recherches sur l'apprentissage social pour donner une explication plus complète de l'adoption de conduites déviantes.

Ces réflexions nous conduisent à examiner de plus près dans les pages qui suivent les apports du courant de l'apprentissage social à la compréhension de l'adoption de conduites déviantes:
- l'apprentissage des conduites déviantes s'accompagne d'un apprentissage de valeurs non-conformes aux valeurs communément admises dans la société;
- les valeurs s'apprennent par l'imitation de modèles ou par renforcement vicariant;
- les modèles sont les personnes qui composent le groupe de référence du sujet.

1. BANDURA: THEORIES DE L'APPRENTISSAGE SOCIAL

Pour Bandura (1980), les déterminants de l'individu et ceux du comportements sont interactifs: l'individu détermine le comportement et vice versa.

La théorie de l'apprentissage social affirme que dans l'apprentissage par renforcement (qui suit les lois du conditionnement) les renforcements symboliques fournis par l'environnement social ont une place importante.

Ainsi, Bandura dit que :

« pratiquement tous les phénomènes d'apprentissage par expérience directe (essais-erreurs) surviennent sur une base vicariante, c'est-à-dire en observant le comportement des autres et les conséquences qui en résultent » (1980, 19).

« En dehors de la question de survie, il est difficile d'imaginer un processus de transmission sociale dans lequel les langages, les styles de vie et les pratiques des institutions d'une culture seraient enseignés à chaque nouveau membre par renforcement sélectif de comportements fortuits sans le bénéfice de modèle illustrant les patrons culturels » (1980, 20).

Il distingue le mécanisme de *modelage* qui consiste à observer un comportement pour l'apprendre et le mécanisme du *renforcement vicariant* qui est l'apprentissage dû à l'observation des résultats que ce comportement a produit lorsqu'il est mis en œuvre par autrui.

Le modelage s'effectue sur base de l'attention (il faut percevoir, observer et discerner le comportement), de la rétention (symbolique et cognitive avec mémorisation), de la reproduction (physique de ce qui est mémorisé) et enfin de la motivation qui provient du renforcement initial et des auto-renforcements successifs.

Ce sont les facteurs cognitifs qui assurent l'intégration dans l'individu des éléments antécédents et conséquents des comportements. Ces facteurs cognitifs déterminent ce qui sera observé, comment ce sera perçu et quelle en sera la valeur. La capacité de représenter les conséquences futures de l'action en pensée fournit une source cognitive de motivation. La distance existant dans le futur entre les intentions et les comportements contrôle l'efficacité des intentions.

Les objectifs immédiats mobilisent les efforts du moment présent. Les intentions éloignées risquent davantage de rencontrer des interférences d'autres intentions concurrentes.

Selon Bandura (1980, 155) le comportement est largement contrôlé par ses conséquences, surtout ses conséquences anticipées. C'est l'effet attendu dans le futur qui détermine souvent le comportement (cf. les Attentes généralisées in Rotter, 1966).

Il y a un système d'auto-motivation qui maintient en place les comportements acquis. Lorsque ce système d'auto-renforcement est en place, tout acte produit nécessairement deux séries de conséquences : l'effet externe et des auto-évaluations. Il peut y avoir conflit quand un comportement provoque une auto-évaluation contradictoire à l'évaluation qui en est faite dans les normes collectives. Dans ce cas, il y a tendance pour l'individu à neutraliser le conflit. Il peut alors, soit changer de comportement, soit se justifier, soit minimiser, déplacer sa responsabilité ou changer de groupe de référence. Ainsi donc, l'individu tendra à fréquenter les groupes qui véhiculent les mêmes normes: il y aura donc renforcement réciproque des comportements déviants.

Ces comportements marginaux peuvent ainsi se diffuser et devenir de véritables innovations sociales. Le comportement se répandra d'autant plus vite qu'il est soutenu par des personnages dotés de prestige. L'innovation s'installera définitivement ou disparaîtra selon sa valeur fonctionnelle pour l'ensemble du corps social.

Cherchant à différencier ceux *qui refusent l'innovation, les adopteurs tardifs et les premiers adopteurs*, Bandura (1980, 56) indique qu'il y a surtout des différences quant au moment et à la quantité d'exposition initiale (exemple: en ville et à la campagne).

Les déterminants principaux sont:
- l'attrait du stimulus,
- les satisfactions anticipées,
- les bénéfices observés,
- la valeur fonctionnelle,
- les risques perçus,
- l'auto-évaluation,
- les différentes barrières sociales,
- les contraintes économiques.

Les gens qui se conforment aux lois morales ne s'engageront dans des conduites déviantes que lorsque celles-ci auront été redéfinies comme acceptables. Cela introduit un délai pour l'adoption de certaines activités interdites socialement (par exemple: la drogue).

« C'est parce que les gens choisissent des groupes de référence dont les membres partagent avec eux des normes comportementales similaires en ce qui concerne l'auto-renforcement que la façon dont ils s'évaluent est influencée par les réactions réelles ou anticipées des membres du groupe. Lorsque le groupe de référence immédiat est petit, les individus semblent être «dirigés de l'intérieur» (Riesman, 1964). Cela est dû au fait que leurs auto-évaluations ne sont pas influencées par les conceptions d'un grand nombre de gens. En fait, les membres d'un tel groupe répondent largement aux quelques individus dont ils valorisent l'opinion. Les individus qui accordent tellement de prix à leur comportement que les réactions des autres n'ont pas d'effet sur leurs auto-évaluations sont rares» (Riesman, 1980, 139).

Les applications de ces réflexions théoriques à l'adoption par les jeunes de conduites déviantes seront exposées ci-dessous. Toutefois, avant de les préciser, il nous paraît utile, parce que nous voulons tenir compte des facteurs environnementaux, de décrire l'apport de la théorie de l'apprentissage social à la compréhension du lien entre classe sociale et comportement.

Cette description de l'apport de la théorie de l'apprentissage social à l'explication de la socialisation et de l'adoption des valeurs sera abordée par le biais de l'apprentissage du langage. C'est en effet dans ce domaine que la recherche sur l'apprentissage social est davantage sortie des laboratoires et rencontre donc notre problématique générale d'étude de population.

2. CLASSE SOCIALE - APPRENTISSAGE SOCIAL ET LANGAGE

Le courant socio-linguistique dont Bernstein est le chef de file s'est fortement intéressé aux rapports pouvant exister entre le contrôle social exercé dans les familles et la construction du langage. Le langage est vu comme une conduite sociale qui procède d'un apprentissage social au même titre que les rôles et les statuts. Au niveau linguistique, il y aurait deux codes correspondant à un clivage des classes sociales (Esperet, 1975).

Le code restreint ou langage public serait ce qu'il y a de commun à tous les membres d'une société ou d'une culture donnée; il contient des ordres brefs, des affirmations et des questions simples, descriptives, concrètes et surtout des implications affectives plutôt que logiques (peu de conjonctions, phrases élémentaires).

Le code élaboré ou langage formel serait par contre ce qui différencie, ce qui «renforce la sensibilité aux différences interindividuelles, en particulier les différences de statut, et aux indices structuraux qui les expriment» (Esperet, 1975, 13): il contient une élaboration logique, la syntaxe est difficilement prévisible car elle est nuancée; il y a plus de détails, de complexité et d'embellissement; (plus de pronoms personnels, adjectifs et adverbes employés de manière nuancée...).

Nous ne décrirons pas davantage les éléments purement linguistiques de cette théorie ni les critiques formulées à ce niveau mais nous préciserons deux aspects théoriques:

1. le cadre théorique dans lequel doit se situer l'apprentissage social

est nécessairement celui de la stratification sociale et des classes sociales.
2. ce sont les classes sociales qui effectuent le lien entre les codes et les caractéristiques du milieu.

Ces codes sont un ensemble de lois assez générales qui permettent de réagir verbalement de manière appropriée à une situation sociale. *En apprenant ces codes qui dirigent le comportement verbal, l'individu apprend aussi les fondements de la structure sociale et la capacité d'agir en tant que membre de son groupe social.* On catégorise les comportements des autres et de soi-même. Ces codes correspondent donc au volet linguistique de la prise de rôles et des attentes de rôles qui sont la pierre d'angle de la recherche psychosociale. De plus, Bernstein (1975) affirme que l'apprentissage de ces codes est lié à l'appartenance sociale des parents: à ce titre, sa théorie est clairement psycho-sociale.

Il suit donc Durkheim pour qui la socialisation est la manière dont l'individu acquiert le maniement des lois sociales; ce qui inclut non seulement les pressions dont il est l'objet (le contrôle social) mais aussi l'intériorisation de ces lois (qui sera davantage développée à la suite des théories psychanalytiques). La socialisation maximale serait celle où les exigences de la société recouvriraient parfaitement les exigences intériorisées de l'individu. Or ceci n'est jamais le cas, c'est pourquoi le processus de socialisation est continu et interactif.

Ainsi que J. Cook-Gumperez (1973) le fait remarquer, toute définition de la socialisation doit intégrer à la fois les pratiques des parents et les acquisitions de l'enfant en ce qui concerne la participation au groupe et à la société.

Les parents en contrôlant les enfants et en interagissant chaque jour avec eux montrent à ces «nouveaux membres» ce qui est nécessaire pour être membre de leur groupe social: J. Cook base cet examen sur la manière dont l'ordre social est transmis aux enfants quotidiennement au niveau des codes linguistiques.

Bernstein affirme qu'il existe des différences typiques entre les familles dans la transmission des codes linguistiques. La détermination du type de famille est fondée sur les liens existant entre la classe sociale et les relations de rôle ainsi que le contrôle au sein des familles.

Cette détermination s'appuie sur la différence faite par Durkheim entre la solidarité mécanique (basée sur la similitude des fonctions) et la solidarité organique (basée sur les différences de fonctions). La première donnerait naissance au langage public, la deuxième au langage formel (Bernstein 1975).

Ainsi, les classes laborieuses développeraient le langage public, tandis que les classes moyennes développeraient le langage formel. Cette distinction en classes sociales a donné naissance à plusieurs recherches empiriques pour lesquelles on peut généralement émettre la critique que la définition de la classe sociale s'appuie exclusivement sur la profession du père ou sur le type d'école fréquentée par l'enfant (les écoles reconnues comme recevant les enfants de la bourgeoisie et les écoles reconnues comme accueillant des enfants d'ouvriers).

L'action socialisante n'est pas l'apanage seulement des parents. Plusieurs recherches portent également sur le langage employé par les enseignants et montrent que les enseignants dans les écoles «pauvres» ne parlent pas à leurs élèves de la même manière que les enseignants dans les classes «riches». Bernstein a surtout développé sa théorie à partir de l'observation des familles. Ce serait au moyen de l'organisation des rôles sociaux dans la famille que l'acquisition des codes se ferait. Or, les types d'organisation peuvent varier d'une famille à l'autre. Ainsi, certaines familles ont un système plus ouvert et plus flexible qui amène les enfants à s'*approprier* un rôle, tandis que des systèmes plus contraignants amènent les enfants à se *conformer* à un rôle (ceci rend compte de la distinction faite par Bernstein de «roles achieved» et de «roles assigned»).

Cette différenciation correspond à deux types d'organisations familiales et de contrôle:

1. Les familles orientées vers la position: *les rôles et les divisions formelles sont établis en fonction du pouvoir relatif des membres et ne donnent pas lieu à des négociations.* Des conflits peuvent apparaître en raison du manque de nuances. Les enfants sont peu capables de se situer dans des rôles ambigus. Les lois sont considérées comme suffisamment explicites en elles-mêmes, elles ne requièrent pas d'explications verbales mais nécessitent un contrôle direct.

2. Les familles orientées vers la personne: *les rôles font l'objet d'accommodements continuels, il y a des interactions verbales* à ce point de vue entre les enfants et les parents. L'enfant apprend à se constituer son propre rôle et donc à en constituer d'autres ultérieurement. Le contrôle est plus verbal et s'exerce «sur mesure» c'est-à-dire en tenant compte fortement des différences individuelles. *Les lois sont expliquées et les détails sont donnés jusqu'à ce que l'enfant puisse employer ces lois dans n'importe quelle situation même totalement nouvelle.*

Rien d'étonnant donc que ces modes de fonctionnement utilisent et génèrent chez l'enfant des types de langage très différents.

De ces descriptions, nous retiendrons trois points essentiels pour notre propos.

En premier lieu, nous voyons l'importance des relations de pouvoir au sein de familles. L'analyse de Bernstein (1975, 11) suppose que les classes sociales qui subissent les plus fortes pressions du pouvoir social général reproduisent en elles cette même logique du pouvoir: les familles des classes inférieures sont celles qui font accepter les rôles sans discussion tandis que les familles des classes moyennes sont celles qui permettent à leurs enfants plus de «degrés de liberté» dans leur conformité à des rôles préétablis.

Toutefois, ceci ne signifie nullement que la structure des relations soit moins organisée dans les classes moyennes, au contraire (Lautrey, 1976, 38). En effet, le contrôle est plus verbal et met l'enfant en face de ses responsabilités alors que dans les classes inférieures le contrôle est plus immédiat et donc plus erratique car moins systématiquement prégnant sur toute l'existence de l'enfant.

Ces variations de la distribution du pouvoir à l'intérieur des familles amènent les classes moyennes à établir clairement le lien entre les moyens et les buts, à orienter l'enfant vers les valeurs (différenciées d'après les individus), et à prendre des dispositions pour que les moyens actuels servent des buts à longs termes.

La notion de pouvoir nous a donc amené à un *deuxième point* essentiel: la perspective temporelle.

Notons avec F. Esperet (p. 12) que:

«*Tout ceci se traduit pour l'enfant par un environnement familial très structuré sur le plan formel: il existe un système stable de buts et de valeurs suscitant un système lui aussi stable de récompenses et de punitions: la vie future de l'enfant est conçue comme directement liée aux aspects éducatifs et affectifs de sa vie présente... Bernstein suggère que les familles Working Class se définissent par l'absence de ces caractéristiques. Dans un tel milieu, l'enfant perçoit le monde hic-et-nunc, de façon séquentielle, sans déceler de relations entre le moment présent et des fins à longs termes*».

Le troisième point sur lequel nous voudrions insister est celui de la crise d'adolescence dans ce contexte. S'il est vrai que l'apprentissage des rôles se réalise comme Bernstein le suggère, les rôles appris par les enfants des classes sociales moyennes seront «appropriés» par eux, tandis que ceux appris par les enfants des classes inférieures seront l'objet d'une conformité.

En conséquence, à l'adolescence, la remise à l'épreuve de l'acquis de l'enfance (et donc de la conformité sociale) prendra une forme plus transitoire chez les enfants des classes moyennes que chez les enfants des classes inférieures car le registre (la «marge de manœuvre») de ces derniers dans la prise de rôle est moindre. Ils n'auront donc de choix qu'entre l'acceptation pure et simple (la conformité) ou le rejet (la marginalité ou la délinquance), tandis que les adolescents des classes moyennes pourront se créer de nouveaux rôles plus originaux, différenciés et donc plus satisfaisants selon leurs valeurs.

La crise dans la prise des rôles se fera donc soit plus transitoire soit moins dramatique du point de vue social, même si en fait au niveau de la conscience de ces adolescents elle s'accompagne de sentiments d'anxiété plus intenses.

C'est sur ces quelques réflexions utiles pour notre propos que nous arrêterons notre référence au courant socio-linguistique de Bernstein, car notre seul but était de découvrir ce qu'il apportait dans la connaissance des mécanismes de l'apprentissage social et non pas de connaître les découvertes au niveau linguistique.

3. APPRENTISSAGE SOCIAL ET ADOPTION DE COMPORTEMENTS DEVIANTS

Les travaux de Akers (1968), Conger (1976), Jessor et Jessor (1977) sur les rapports entre déviance et apprentissage social offrent une piste fructueuse qui est poursuivie par Akers et ses collaborateurs (1979).

En effet, Akers et al. étudient les principes de l'apprentissage social appliqués à la toxicomanie et l'alcoolisme. L'hypothèse principale dit que le comportement social est acquis à la fois par conditionnement direct et par imitation ou modelage. Le comportement est consolidé grâce à la recherche de récompenses (renforcements positifs) et à l'évitement de sanctions (renforcements négatifs); il est rendu caduc par les stimuli aversifs (punitions) et la perte de récompense. Ces règles sont applicables aussi bien aux comportements socialement conformes qu'aux comportements déviants: il y a des renforcements différentiels.

C'est en interaction avec des groupes signifiants que l'on apprend la valeur des comportements. Ces définitions de valeurs sont elles-mêmes des comportements verbaux et cognitifs qui font l'objet de renforcements. Ce sont les groupes de références qui sont la principale source des renforcements (positif et négatif) et des définitions normatives ainsi que des modèles prestigieux susceptibles d'être imités.

Parmi les groupes de références, le groupe des pairs est certainement le plus important. Il peut être en accord ou en désaccord avec le groupe familial qui lui aussi peut être un groupe de référence puissant.

L'association différentielle serait la première étape, car elle est l'interaction entre plusieurs groupes différents. Ces groupes fournissent des environnements sociaux où l'individu est exposé à des définitions, des modèles et des renforcements différents. Lorsque certains modèles et certains renforcements prendront le pas sur d'autres, les définitions des normes et des comportements vont progressivement se stabiliser dans des sens qui peuvent s'opposer.

Ces différents éléments constituent les variables indépendantes de la recherche conduite par Akers et al. (1979) sur un échantillon de 3.065 adolescents tirés de la population scolaire de trois Etats des Etats-Unis. Un questionnaire «auto-révélé» fut administré et une interview pour en contrôler la fidélité fut réalisée ultérieurement auprès d'un sous-échantillon.

La variable dépendante était une échelle de fréquence journalière en six positions sur la consommation de marijuana et d'alcool. Les variables indépendantes concernant l'imitation, l'association différentielle, les définitions et les renforcements différentiels, toutes de niveau ordinal furent utilisées dans une analyse de régression multiple qui rend compte de 68 % de la variance de la consommation de marijuana et 55 % de la variance de la consommation d'alcool.

Les auteurs concluent que les concepts de l'apprentissage social mesurés par questionnaires sont efficaces pour l'explication de la déviance. La force de la liaison statistique, bien supérieure à ce qui est généralement obtenu donne aux auteurs le sentiment que la théorie serait aussi confirmée par rapport à l'adoption d'autres conduites déviantes.

La pertinence du modèle ici démontré nous permet aussi d'avoir confiance dans le caractère central de la théorie de l'apprentissage social. Toutefois, nous remarquons que les concepts utilisés comme variables indépendantes sont extrêmement proches conceptuellement des conduites qu'ils sont censés expliquer. En effet, certains comportements repris comme renforcements positifs sont (presque) des précurseurs des comportements déviants envisagés.

C'est la raison pour laquelle nous n'avons pas repris tous les éléments envisagés par Akers et al. dans notre propre opérationnalisation de la théorie de l'apprentissage social.

Ainsi donc, en accord avec les principes de l'apprentissage social, nous considérons le choix du groupe de référence et les valeurs qui y sont véhiculées comme deux aspects essentiels pour la compréhension des conduites déviantes chez les jeunes.

Dans notre démarche empirique, nous opérationnaliserons cela par des questions portant sur les caractéristiques du groupe des amis et sur l'homogénéité des valeurs de l'individu, de son groupe d'appartenance et de son groupe de référence.

Nous trouvons, en outre, dans l'argumentation développée ci-dessus une justification théorique supplémentaire pour mesurer les caractéristiques de quartier et proposer une hypothèse de l'influence du quartier sur le comportement individuel. Enfin, nous y trouvons intégrées les différentes composantes du Moi envisagées précédemment.

Ces réflexions nous permettent de construire un modèle relativement complet qui reste à tester dans notre démarche empirique.

L'adoption de comportements socialement problématiques peut dépendre :

1. de l'appartenance à un quartier,
2. de la classe sociale des parents,
3. du choix des amis,
4. des valeurs véhiculées par la famille,
5. des valeurs véhiculées par le groupe de pairs,
6. des attentes de renforcements,
7. du sentiment de maîtrise de son avenir,
8. de l'auto-évaluation de soi.

En conclusion, nous retiendrons de la théorie de l'*apprentissage social* :

1° que l'individu pose tel comportement parce qu'il attend de ce comportement tel résultat (en raison d'expériences précédentes renforcées ou en raison de l'observation de modèles),

2° que les indices sociaux qui peuvent servir de renforcement ou de sentiment discriminatif sont subtils et se situent dans son environnement et plus spécialement dans l'environnement signifiant,

3° que les mécanismes cognitifs d'attente ainsi que de fixation d'objectifs et d'anticipations sont essentiels pour la réalisation du passage entre renforcement et comportement.

Chapitre 5
Les jeunes sont-ils délinquants ou déviants?

1. ENQUETE REALISEE AUPRES DES JEUNES

Les réflexions présentées dans les chapitres précédents concernent l'importance du choix de la population dans l'étude des composantes psychologiques et sociales de la délinquance. Puisque nous disposions déjà d'un matériel considérable venant de l'analyse de populations officiellement reconnues comme délinquantes, nous avons voulu agrandir la portée de nos analyses par le choix d'une population «tout venant». Notre problématique étant centrée sur la compréhension des jeunes, notre choix devait se porter sur des catégories d'âges qui correspondent à la notion de jeunesse : à 17-18 ans le jeune n'est plus dans la période de turbulence de la pré-adolescence et il entre dans la vie adulte.

Certains y entrent clairement par leur participation au monde du travail, d'autres moins clairement puisqu'ils continuent des études mais ils acquièrent le droit de vote et sont sujets à l'obligation militaire. Dans cette période de transition, des choix importants se font dans les domaines affectifs et comportementaux. Les opinions énoncées et les actes posés ont une plus grande stabilité que durant les années précédentes et souvent ils portent davantage à conséquence.

A cet âge, les jeunes peuvent avoir un regard lucide sur leur présent et leur avenir. Quoiqu'un statut clair ne leur soit par reconnu, les jeunes constituent une classe d'âge qui a une existence sociologique (G. Lutte, 1982).

En raison du caractère très coûteux du recueil d'informations par interview dans une population tout venant qui doit être rencontrée à domicile, nous avons dû nous imposer deux autres limitations dans la définition de la population. Afin de ne pas couvrir un territoire trop étendu et parce que nous disposions déjà d'informations sociales utiles, nous nous sommes limités à une seule agglomération urbaine. Ceci réduit la généralisation possible de nos analyses mais permet de mieux situer l'individu dans son environnement par une meilleure connaissance de l'entité sociologique où les sujets vivent. La ville de Liège était pour nous le meilleur terrain d'étude.

La deuxième limitation que nous avons dû nous imposer fut celle de ne prendre qu'une population masculine. Si notre échantillon ne comporte pas de filles, ce n'est pas pour refléter naïvement une dynamique sociale qui sanctionne davantage la délinquance masculine. La variabilité des processus délinquanciels sera mieux perçue si on évite cette différenciation. La comparaison entre filles et garçons mérite à elle seule une étude approfondie puisque l'intégration sociale des garçons et des filles s'effectue différemment. De plus, la déviance sociale grave reste un phénomène statistiquement rare, encore bien plus rare chez les femmes que chez les hommes. Pour inclure la population féminine, il faudrait donc disposer d'un échantillon encore beaucoup plus grand.

Nous avons donc choisi de restreindre la variabilité de notre population sur trois dimensions essentielles, le lieu de résidence, l'âge et le sexe. En raison des moyens financiers disponibles, il nous a paru plus important, pour pouvoir généraliser les résultats, d'avoir un échantillon strictement aléatoire d'une population restreinte que d'avoir un échantillon non-représentatif d'une population plus large.

La population de référence est donc celle des jeunes habitants la ville de Liège, âgés de 17-18 ans et de sexe masculin.

Cette population comptait au moment de l'enquête 2.434 personnes nées entre le 1er mars 1962 et le 31 décembre 1963. Nous avons pu disposer pour cette population d'une liste exhaustive comprenant belges et étrangers, étudiants et travailleurs, mariés et non-mariés. Le nom, la date de naissance, l'état civil et l'adresse figuraient sur la liste. Nous avons réalisé un tirage aléatoire simple de 531 individus. (Le choix se portait sur le 10e nom figurant sur chaque page jusqu'à la fin du volume puis sur le 20e nom et ainsi de suite jusqu'à atteindre le nombre souhaité : cette procédure a été adoptée afin d'éviter un biais dû au classement en ordre alphabétique sur cette liste.) Le contrôle de l'échantillon a montré que la répartition par âges et par quartiers ne présente pas de différences significatives entre l'échantillon et la population.

Ce mode de constitution de l'échantillon était nécessaire pour assurer une répartition géographique correcte des jeunes dans les quartiers puisque certaines hypothèses environnementales doivent être testées. Initialement, nous avions pensé effectuer un échantillonnage stratifié par quartier mais nous avons cru plus prudent de nous contenter d'un échantillon aléatoire simple en raison du caractère purement hypothétique de la liaison entre la déviance individuelle et l'appartenance à un quartier.

Une fois l'échantillon constitué, les quatre enquêteurs formés se sont réparti la tâche de se rendre à l'adresse indiquée et d'y rencontrer le sujet pour l'inviter à remplir le questionnaire. En cas de refus (fort rare) ou de déménagement, ce sujet était remplacé par le suivant de la liste, c'est-à-dire par un autre sujet tout aussi aléatoirement choisi.

Le jeune qui acceptait de remplir le questionnaire était invité à garder le questionnaire sous les yeux et à indiquer lui-même les réponses dans les cases destinées à cet effet. L'enquêteur se trouvait à ses côtés pour rendre le climat le plus favorable possible, verbaliser certaines questions, donner des explications en cas de non-compréhension et veiller à ce que la personne interrogée n'oublie pas de questions.

Parfois, à la demande expresse du jeune, le questionnaire lui fut laissé quelques jours, puis l'interviewer, en revenant chercher le questionnaire, s'assurait de la sincérité des réponses. En fait, la procédure par enquêteurs permettait surtout d'assurer le meilleur échantillonnage possible et non pas un échantillonnage biaisé pour raison de refus ou de négligence comme c'est le cas pour des enquêtes par voie postale.

De plus, comme il s'agissait d'une population qui n'est plus scolarisée pour la totalité des sujets, il était nécessaire de se rendre au domicile, seul accès fiable.

Les enquêteurs avaient une moyenne d'âge de 23 ans, donc à peine plus élevée que celle des personnes interrogées. Les enquêteurs furent bien accueillis et ne rencontrèrent guère de méfiance de la part des jeunes. Le rôle de l'enquêteur était de faciliter le déroulement de l'interview. La présence la plus discrète et neutre possible permettait de ne pas annuler le bénéfice d'un questionnaire construit comme s'il pouvait être distribué anonymement.

A l'issue des trois mois dont disposait l'équipe pour réaliser sa tâche d'enquête et de codage des questionnaires, 258 questionnaires complets constituèrent l'échantillon définitif de population.

Sur les 258 individus interrogés, 135 sont nés en 1962 et 123 en 1963. Ils sont donc âgés de 17 et 18 ans; quelques-uns ont 19 ans. Ils sont en majorité encore étudiants:

	Pères	*Mères*
Professions scientifiques ou libérales	23,3 %	11,2 %
Cadres	3,1 %	0 %
Personnel administratif	19,1 %	8,8 %
Personnel commercial	7,4 %	8 %
Travailleurs dans les services	8,6 %	11,2 %
Ouvriers	38,5 %	2,8 %
Mère au foyer		58 %

En outre nous savons que:
79,8 % des pères exercent une profession;
4,3 % des pères sont au chômage;
6,2 % sont invalides ou malades;
4,7 % sont pensionnés ou pré-pensionnés;
0,4 % sont sans emploi ni chômage;
4,7 % sont décédes.

Enfin, sur les 258 jeunes interrogés, il y en a 97,7 % qui vivent au domicile de l'un de leur parent (86 % vivent avec les deux parents).

La procédure suivie dans la distribution des adresses aux enquêteurs et dans le remplacement des absents garantit le caractère aléatoire du sous-échantillon final. Un contrôle de la répartition par âge et par quartier a montré que sous ces rapports non plus il n'y avait de biais systématique.

Les 258 sujets sont donc un échantillon représentatif des 2.400 jeunes qui constituent la population masculine âgée de 17-18 ans de la ville de Liège. A ce titre, une généralisation des résultats de l'enquête à des jeunes ayant des âges proches de ceux-ci ou habitant dans les villes similaires peut se faire dans des limites de confiance clairement établies.

2. LA MESURE DE LA DEVIANCE

Comme nous l'avons vu dans le troisième chapitre le débat sur la délinquance s'est enrichi, il y a quelques années, grâce à la remise en cause de la notion de délinquance. La criminologie de la réaction sociale a montré le lien entre le concept de délinquance et le système judiciaire. La notion de déviance ou de marginalité s'est avérée plus englobante que celle de délinquance.

Les procédures d'analyse à appliquer pour rendre compte de ces deux phénomènes doivent être différentes puisqu'elles utiliseront des populations sélectionnées différemment. Il est donc nécessaire dorénavant de tenir compte de ce débat sur la signification sociologique des conduites déviantes ou délinquantes. En outre, nous avons considéré que la déviance recouvrait, au niveau individuel, l'adoption de patterns de comportements socialement problématiques.

Plutôt que de décomposer des comportements et de ne voir que leurs aspects parcellaires, nous avons choisi d'analyser les ensembles complexes de comportements ayant une signification sociale de type déviant pour une classe d'âge particulière.

Ces comportements constituent nos variables dépendantes; celles que nous voulons expliquer. La signification sociale de ces comportements rend évidente leur relation non seulement à l'individu mais aussi à l'environnement.

Les mesures que nous proposons permettent d'examiner l'environnement et le fonctionnement de l'individu et de tenir compte empiriquement de la signification de ces ensembles comportementaux que sont les conduites déviantes.

Nous procéderons en trois étapes pour clarifier le mieux possible la place que ces conduites occupent dans la vie des jeunes de 17-18 ans et afin d'aboutir, grâce à cette compréhension, à la mesure la plus efficiente possible de notre variable dépendante.

Avoir une variable dépendante dont la fidélité est optimale est bien entendu un enjeu considérable dans la démarche empirique, car ainsi les effets des variables indépendantes sur cette variable dépendante se font sentir de manière plus nette.

Lorsque nous aurons évoqué le débat qui existe au sujet des mesures auto-révélées et des mesures officielles de la « délinquance », nous examinerons, grâce à la méthode de l'analyse factorielle en composante principale, les données fournies par le questionnaire de déviance auto-révélée appliqué à notre échantillon.

Ensuite, une analyse factorielle des correspondances de ces mêmes données sera effectuée pour mieux utiliser le caractère nominal des mesures de ces conduites dans notre échantillon et afin d'obtenir une mesure adéquate de notre variable dépendante[1].

A. La déviance «auto-révélée»

La mesure classique de la délinquance était considérée comme évidente jusqu'il y a peu et se résumait à constater combien d'actes délictueux un individu avait commis.

Cette mesure de la délinquance trouvait ses bases dans le droit pénal car elle considérait comme délinquant toute personne commettant un délit punissable par la loi. Toutefois, le lieu où se prenait la mesure dans cette optique classique était celui du système judiciaire: le délinquant est la personne découverte et sanctionnée par le système judiciaire. Cette mesure de la délinquance était souvent dichotomique du type «avoir ou ne pas avoir fait l'objet de procès verbaux de la police ou de la gendarmerie», «figurer ou non dans les dossiers du parquet», «avoir ou ne pas avoir été condamné».

Les échelles de mesure comprenaient alors, au mieux, le nombre de P.V. ou d'infractions connues. Toutefois, les faiblesses de ces mesures sont de plusieurs ordres. Dans une population normale, la courbe de fréquence de ces mesures est fortement biaisée et la variabilité est faible. Dans ces conditions, il n'est guère possible d'obtenir des comparaisons optimales avec d'autres variables. En outre, ce type de mesure tient seulement compte de la délinquance officiellement connue et ne tient nullement compte de la délinquance réellement commise; elle ne mesure que l'activité du système judiciaire et non des délinquants: il s'agit donc de mesures de «délinquance officielle».

Pour que l'auteur d'un délit soit connu et soit enregistré dans une catégorie particulière, il faut que le système fonctionne très efficacement.

De plus, même si le système est efficace, les filtres successifs sont tels que les données utilisables dans l'analyse sont plus des reflets du fonctionnement du système que des conduites individuelles en matière

---

[1] Les parties les plus techniques des analyses peuvent être trouvées in Born (1983).

de délinquance. Elles ne permettent ni comparaison entre localités, ni comparaison dans le temps, puisqu'il y a fluctuation des lois et des personnes qui font respecter les lois.

Au vu de ces critiques, les tenants de ce type de mesure ne prétendent plus actuellement saisir toute la délinquance réelle. Ils justifient ces mesures par exemple en arguant de l'impact ultérieur de la labellisation ainsi réalisée. Ils disent aussi que c'est bien la réaction sociale à un acte qui lui donne sa portée et non l'acte lui-même.

Pour pallier ces inconvénients, on a cherché à connaître la délinquance réellement commise, à étudier le chiffre noir de la délinquance et donc à se servir d'autres mesures. Ainsi, un courant de recherche utilisant d'autres collectes de données est né.

Ces mesures proviennent souvent de questionnaires remplis par les sujets eux-mêmes: il s'agit de mesures de «délinquance auto-révélée» (self-reported) qui se différencient des mesures de délinquance officielle pour les raisons évidentes exposées dans la première partie et brièvement rappelées ci-dessus.

La méthode auto-révélée a surtout été admise grâce aux travaux de Nye et Short (1956, 1957). Depuis lors, de nombreux travaux empiriques ont permis de construire des échelles de mesures relativement sensibles (Hirschi, 1969, Hindelang et al., 1981).

Certains questionnaires comportent un minimum de questions (5 ou 6) portant uniquement sur des actes socialement considérés comme graves, mais beaucoup de questionnaires sont nettement plus étendus par le nombre d'items et par le champ de déviance qu'ils couvrent. Certaines extensions portent sur les comportements de prise de drogue, d'autres sur la «délinquance statutaire» c'est-à-dire la déviance des jeunes considérée comme délinquance uniquement en raison de l'âge de l'auteur.

Les avantages et les inconvénients de ces questionnaires ont fait l'objet de nombreux débats. Certains se méfient de ces instruments surtout en raison de l'aveu qu'ils demandent. Il est donc opportun de reprendre à Hindelang et al. (1981) les principaux arguments qui permettent de faire confiance à ce type de questionnaire avant de présenter la version que nous avons utilisée.

Validité et fidélité

Les questionnaires de délinquance auto-révélée ont fait l'objet de vérifications par tests - retests.

Lorsque le délai est court entre deux passations, la corrélation entre deux épreuves est très forte.

Lorsque le délai est de plusieurs années, la corrélation tend à diminuer car le nombre d'actes délictueux reconnus par les mêmes jeunes quelques années plus tard est plus élevé; pourtant la fidélité reste grande.

Ainsi, une corrélation (gamma de .62) entre deux administrations à deux ans d'intervalle a été mise en évidence par Farrington en 1973; la même stabilité a été trouvée pour des intervalles de temps plus longs encore par Bachman en 1978 (cité in Hindelang et al., 1981).

Des vérifications de la fidélité des réponses ont été obtenues grâce à diverses procédures. Ainsi, par exemple, on a demandé à des jeunes ayant répondu anonymement de reconnaître leur questionnaire et de le changer de manière à ce qu'il soit parfaitement correct.

On a procédé à des interviews très soigneuses pour obtenir une appréciation des conduites délinquantes en situation relationnelle et on a pu mettre ces réponses en rapport avec les questionnaires auto-administrés. Toutes ces démarches confirment la valeur globale des réponses enregistrées lors de la première passation, même si de légères modifications apparaissent.

Afin de vérifier la fiabilité des questions qui portent sur les conduites déviantes, différentes procédures de vérification ont eu lieu.

1. Nous avons eu personnellement des entretiens approfondis avec des jeunes interrogés lors de l'enquête. Dans ces entretiens, suscités sous un prétexte différent de celui de l'enquête, nous avons essayé de les faire parler de leur vie sociale et surtout de leur fréquentation éventuelle de lieux «mal-famés». Toutes les confidences qu'ils nous firent ont été confrontées avec leurs réponses au questionnaire. A chaque fois nous avons constaté que le questionnaire ne différait pas sensiblement de ce qu'ils nous racontaient: l'un deux avait noté en réponse au questionnaire qu'il avait commis plusieurs des actes gravement déviants mentionnés, et lors des entretiens il nous révéla une série impressionnante de délits. En guise d'illustration nous reprenons ici l'extrait suivant d'un entretien:

«Puis avec Joëlle, ça a craqué. Pour moi, ça a craqué vraiment, j'ai bu énormément. Pendant trois semaines, je suis allé habiter chez un copain et je buvais une bouteille de whisky par jour. Puis j'ai eu ma période punk: je me suis rasé le crâne avec une mèche qui subsistait et je m'habillais en SS. Avec les copains on allait dans des villages et on faisait les durs. Quand Joëlle nous voyait, elle pleurait. Alors, avec mes copains on se saoulait et on a commencé à casser les rétroviseurs et les antennes de voitures. Un autre jour, nous nous sommes amusés à danser sur les toits de 3-4 voitures, une autre fois nous avons fracturé les portes d'une dizaine de voitures et nous avons dispersé les papiers sur la route. Un soir que nous étions particulièrement en verve, je suis venu chercher ma carabine et on a roulé au hasard sur plusieurs kilomètres en tirant sur les vitrines et les feux rouges: ce fut une expédition mémorable; les flics nous ont poursuivis mais ils ne nous ont pas interceptés».

2. Nous avons également mis à l'épreuve la valeur du questionnaire de déviance auto-révélée en confrontant les dires d'un groupe de jeunes à ce que nous savions de leur comportement selon d'autres sources. Le jugement était porté par d'autres jeunes que nous connaissions depuis longtemps et qui nous accordaient leur confiance. Ces derniers acceptèrent de contrôler les questionnaires de leurs condisciples.

Cette expérience se fit dans deux classes de l'enseignement secondaire (5e année) dans des écoles de la région légeoises. Nos deux jeunes collaborateurs nous confirmèrent que les réponses avaient un profil général plausible: ceux qu'ils considéraient comme faisant le plus de «conneries» (vols dans les grands magasins surtout) avaient, dans le questionnaire, effectivement avoué commettre certains actes parmi les plus déviants. Par contre ceux qu'ils considéraient comme les plus «sages» avaient avoué dans le questionnaire quelques conduites déviantes mais sans trop de gravité.

S'il n'est donc pas possible d'être sûr de la correspondance totale entre les réponses d'aveu et la réalité, il est cependant certain que l'échelle de déviance qui est constituée reflétera le profil comportemental du jeune.

3. Hindelang et al. ont passé en revue les corrélations établies entre ces différentes mesures et ont montré ainsi que les questionnaires auto-révélés, qu'ils soient anonymes ou remplis en situation d'interview sont aussi valides et fidèles qu'on peut l'espérer.

Ils présentent les comparaisons qui sont faites entre les différents instruments:

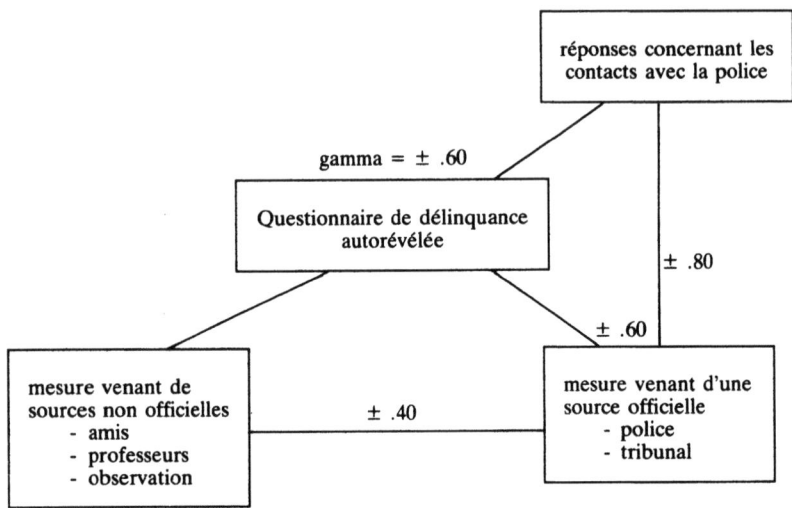

Les corrélations indiquées sont des corrélations moyennes relevées dans diverses études.

D'une manière générale, on peut dire que si le jeune a commis quelque chose de grave et s'il y a eu intervention de la police, il le mentionne dans le questionnaire. S'il y a eu «contact» avec la justice, peu de jeunes le cachent.

Pour les petits faits, il est difficile de donner l'ordre de grandeur de la différence entre ce que les jeunes avouent et ce qui s'est passé.

Toutefois, il est certain que les jeunes reconnaissent avoir commis beaucoup plus de délits que ceux pour lesquels ils sont connus par la justice, surtout dans le cas des délinquants placés en institution.

Vouloir donc parler de «délinquant» comme s'il s'agissait d'une catégorie psychologique serait une erreur.

Ce terme ne peut être compris que dans son acception légale.

Ici, deux conceptions s'affrontent:

a. La notion officielle de délinquance

Est délinquant tout individu reconnu coupable par les tribunaux d'un crime ou délit qu'il aurait commis. Cette définition change complètement de registre puisqu'elle déplace le problème de l'individu vers le système et l'efficacité du système est donc un élément déterminant pour la qualification du délinquant.

C'est à cette définition que se réfèrent beaucoup de recherches en criminologie qui prennent le nombre de délinquants connus comme variables dépendantes de recherches sociologiques ou qui prennent des populations de délinquants comme sujets dans les recherches psychologiques.

b. La notion officieuse de délinquance

Est délinquant tout individu ayant commis un acte réputé crime ou délit aux yeux de la loi. Bien entendu, si on ne tient compte ni de la gravité des actes, ni des années qui s'écoulent, toute personne peut être considérée comme délinquante.

En effet, par rapport à cette définition ceux qui n'ont pas commis la moindre faute par rapport au code de la route ou qui n'ont pas une peccadille sur la conscience sont bien rares.

Ce rappel du problème contribue à montrer que vouloir parler de délinquant est ambigu, mais qu'il est difficile d'éviter toute ambiguïté.

La définition que nous examinons dans ce chapitre, c'est-à-dire la définition auto-évaluée (dont les questionnaires auto-révélés donnent les meilleures approximations) a donné lieu à l'établissement de seuils quant à la gravité des actes, à leur nombre et à leur répétition. Ainsi, la plupart des questionnaires concernent la perpétration de vols, d'agressions ou de violations de la propriété et non pas des petits délits de la vie quotidienne (circulation, échanges sociaux indélicats,...).

Hirschi a également proposé des mesures qui différencient les délinquants selon la dimension temporelle: le comportement est-il seulement récent ou persistant?

Si les comportements en rupture avec les normes sociales présentent un caractère répétitif, alors on se trouve en présence d'un pattern de comportement. Si vraiment ce pattern de comportement est adopté de manière habituelle, l'individu qui le présente peut être appelé «un délinquant». C'est bien entendu ceci que nous souhaitons comprendre:

«Comment un individu peut-il en arriver à poser de manière habituelle des actes en contradiction avec les normes sociales en vigueur?»

Avant de comprendre comment un individu en arrive à cela, il faut d'abord savoir s'il est possible de construire empiriquement une mesure de la déviance.

Nous avons donc procédé à diverses analyses pour examiner le lien entre déviance et délinquance et aboutir à une mesure satisfaisante de ce qui sera la variable dépendante dans cette étude.

B. Questionnaire sur les actes non conformes aux normes sociales

Pour analyser en profondeur la délinquance au niveau individuel, il nous aurait suffi de prendre un seul comportement de type délinquant et de voir chez qui ce comportement survient et chez qui il ne survient pas. La démarche aurait été alors totalement clinique ou expérimentale mais risquait de manquer de généralité. Notre but étant de démontrer l'existence de tendances générales, nous devions adapter notre méthode à nos objectifs. En pratique, cette nécessité conduit à essayer d'obtenir la meilleure relation prédictive possible entre un ensemble de variables et une variable dépendante. Cette relation sera d'autant plus claire que la métrique de la variable dépendante sera meilleure puisque sa sensibilité aux fluctuations des autres variables sera plus aiguë.

Pour obtenir une bonne mesure de la délinquance, il faut donc se baser sur plusieurs questions qui, une fois rassemblées, constitueront une échelle. Le problème de la mesure de la délinquance est clairement expliqué dans l'article de P. Dickes et P. Hausman (1982); nous nous y référons avec d'autant plus de raisons que nous avons utilisé strictement le questionnaire et les méthodes d'analyse mis au point par eux.

Notre travail comporte donc une réplication et un contrôle sur une autre population des travaux réalisés par Hausman et Dickes ainsi qu'une mise en relation de leur variable dépendante avec des variables indépendantes mésologiques et psychologiques que nous avons développées nous-mêmes.

S'inspirant du questionnaire de délinquance auto-révélée établi par Nye et Short ainsi que de celui de T. Hirschi, le questionnaire repris ci-dessous comprend des items qui se réfèrent clairement à des actes de délinquance et d'autres qui se situent plutôt dans la gamme des conduites de non-conformité.

Cette gamme de comportements nous permet de disposer d'une échelle de déviance plus nuancée, pouvant concerner tout le monde et non pas seulement une frange de personnes marginales avérées.

Nous avons gardé l'ensemble des questions formulées par Hausman et Dickes de manière à réaliser une réplication effective et à voir aussi par rapport à une population de référence âgée de 15-16 ans ce qu'une population de 17-18 ans peut avoir de différent.

A chaque item, quatre possibilités de réponses sont offertes:
- soit dire n'avoir jamais commis cet acte,

- soit avouer avoir commis cet acte il y a longtemps,
- soit avouer l'avoir commis cette année seulement,
- soit avouer l'avoir commis cette année et avant cette année.

De la sorte, le questionnaire permet d'atteindre le problème de la persistance des conduites.

Les conduites figurant dans le questionnaire sont les suivantes :
- le vol :
  - as-tu pris des petits objets de moins de 100 F qui ne t'appartenaient pas ?
  - as-tu pris des objets entre 100 F et 1.000 F qui ne t'appartenaient pas ?
  - as-tu emprunté un vélo ou un vélomoteur pour faire un tour sans l'autorisation de son propriétaire ?
  - as-tu chipé quelque chose dans un supermarché ?
  - as-tu pris des objets de plus de 1.000 F qui ne t'appartenaient pas ?

  Et moins clairement délinquant aux yeux de la loi :
  - as-tu pris de l'argent à la maison sans permission ?

- le vandalisme :
  - t'est-il arrivé d'abîmer ou de casser l'une des choses suivantes ? :
    - appareil automatique de friandises, cigarettes,
    - cabines téléphoniques,
    - bancs publics, boîtes aux lettres, matériel d'éclairage ;
  - as-tu abîmé exprès :
    - des pneus, une antenne, la carrosserie d'une automobile ou d'une moto ou d'un vélomoteur appartenant à quelqu'un d'autre ?

- la violation de la propriété :
  - es-tu rentré sans autorisation dans un chantier ou un jardin ou une grange ?
  - es-tu rentré sans autorisation dans un chalet de vacances, une maison... ?

De manière plus bénigne :
  - t-est-il arrivé d'assister à une manifestation sportive (football...) ou à un spectacle (cinéma) et de passer l'entrée sans payer (un ticket) ?

- la «fugue» et l'indiscipline familiale :
  - as-tu quitté la maison pendant 4 ou 5 heures sans prévenir tes parents ?
  - t-est-il arrivé de quitter la maison un jour ou plus sans demander l'autorisation de tes parents ?
  - as-tu refusé de faire ce que tes parents t'ordonnaient ?
- la violence :
  - as-tu menacé de battre quelqu'un pour le forcer à faire quelque chose ?
  - sans compter les bagarres avec tes frères et tes sœurs, as-tu pris part à une bagarre ou blessé quelqu'un ?
- les comportements en rapport avec les règlements en matière de protection de la jeunesse :
  - t-est-il arrivé d'aller au dancing ?
  - t'arrive-t-il d'aller au café avant l'école ou le soir après la sortie de l'école ?
- les comportements de prise de drogues (y compris l'alcool) :
  - combien de verres de bière consommes-tu par semaine ?
    - de vin,
    - de blanc-coca, gin-orange,
    - de cognac, whisky,
    - d'alcool de fruit ;
  - as-tu essayé un ou plusieurs de ces produits ?
    - haschich,
    - amphétamines,
    - héroïne,
    - speed,
    - solvant,
    - morphine,
    - L.S.D.,
    - tranquillisants,
    - marijuana,
    - opium.

La liste des items montre qu'il y a deux types de comportements qui sont envisagés. D'une part, des actes «délictueux» c'est-à-dire pour lesquels des poursuites judiciaires peuvent être entamées à l'encontre de ceux qui les commettent. D'autre part, des comportements de type «statutaire», qui ne sont considérés comme fautifs que s'ils sont commis par des jeunes âgés de moins de 16 ans. Par ce moyen, on augmente la variabilité et on couvre mieux la déviance.

Du point de vue strictement comportemental c'est bien là le lien entre ces items: ils ont une signification sociale claire que l'individu ne peut pas ignorer. Cette signification sociale ne lui échappe pas, même s'il utilise des rationalisations, s'il ne se sent pas coupable ou même s'il refuse de voir en face sa responsabilité et la portée de ses actes. C'est dans la manière même dont se déroule le comportement que l'aspect social est perceptible puisqu'il est appréhendé instantanément. Ainsi, le vol c'est «prendre un objet qui appartient à *quelqu'un d'autre*», le comportement contient des stratégies de dissimulation et des techniques soit de rapidité, soit de prudence qui rendent ce comportement différent de celui très semblable qui n'a pas de signification délinquante.

Ce comportement prend donc son sens spécifique en raison du rapport particulier existant entre l'individu et la société à ce moment-là. Nous essayerons de comprendre ultérieurement ce qui, dans les caractéristiques de l'individu ou dans le fonctionnement de son Moi, favorise l'émanation de tels comportements plus souvent chez certains jeunes que chez d'autres.

Avant d'entreprendre cette tâche, il nous suffira de voir comment ces comportements peuvent adéquatement constituer une échelle de déviance; comment ces comportements peuvent se combiner pour composer une mesure de «l'adoption de patterns de comportements socialement problématiques».

Nous avons suivi pas à pas les différentes démarches proposées par P. Dickes et P. Hausman (1982) quant aux analyses et aux mesures possibles de la délinquance auto-révélée.

3. SONT-ILS DELINQUANTS?

La première constatation à formuler est que beaucoup de jeunes reconnaissent avoir commis des actes délictueux.

50 % avouent être entré sans autorisation dans un chantier ou un jardin ou une grange;
45 % avouent des vols de petits objets;
44 % avouent resquiller à l'entrée d'un spectacle;
42 % avouent des vols dans les supermarchés;

32 % avouent avoir pris de l'argent à la maison sans permission;
21 % avouent des vols d'usage de vélos ou vélomoteurs;
14 % avouent être rentrés sans autorisation dans un chalet de vacances, une maison,...
12 % avouent des actes de vandalisme;
11 % avouent avoir consommé de la drogue;
3 % avouent des vols d'objets de plus de 1.000 F.

Ces pourcentages nous mettent en présence d'un ensemble important d'actes. Bon an, mal an, le total des délits commis de la sorte dans une ville est impressionnant. Pour comprendre mieux le phénomène, il faut d'abord se poser la question de savoir si la déviance de notre population est unitaire et générale ou bien s'il y a des sous-ensembles de déviances spécifiques qui peuvent être isolées statistiquement?

L'importance de cette question n'est pas à souligner car on connaît les multiples classifications des actes de délinquances qui existent: les principales sont fondées soit sur les catégories pénales, soit sur des évaluations sociales de gravité.

A. Les diverses formes de la délinquance

La démarche réalisée ici par l'analyse factorielle cherche à voir si, parmi les auteurs des actes, on peut observer des covariations dans l'accomplissement de certaines catégories d'actes. Les facteurs qui seraient isolés seraient à interpréter comme des catégories de déviance.

En fait, un des premiers avantages de l'analyse factorielle est sa capacité de réduction de variables car les variables figurant sur un même facteur peuvent être résumées soit par leur score factoriel, soit par les valeurs de l'une d'entre elles. Nous utiliserons ultérieurement pour d'autres ensembles de variables cette capacité très précieuse de l'analyse factorielle. Toutefois, ici c'est uniquement à sa capacité exploratoire que nous ferons appel. En effet, l'analyse factorielle peut également servir à découvrir dans les variables des structures ou des concepts sous-jacents.

Pour réaliser cet objectif, l'analyse factorielle comporte trois étapes:

1. Le calcul de la matrice de corrélation entre les variables (moment produit de Pearson).

2. L'extraction initiale d'un premier facteur en composante principale: c'est l'établissement de la meilleure combinaison linéaire des varia-

bles. Ce premier facteur est celui qui explique la plus grande part de la variance des variables. La valeur propre associée à un facteur représente la proportion de la variance totale dont ce facteur rend compte.

3. L'extraction d'autres facteurs comme meilleure combinaison linéaire sur les variances résiduelles. De cette manière, par construction, les nouvelles variables structurantes (facteurs ou dimensions latentes) sont indépendantes les unes des autres (orthogonales).

Outre qu'elle présente l'avantage d'aboutir à une condensation optimale des informations théoriquement relevantes sous un petit nombre de facteurs (qui peuvent être repris en scores factoriels comme nouvelles variables), l'analyse factorielle présente l'intérêt d'être une méthode de «théorisation empirique» contrairement aux méthodes de théorisation «a priori» (Fruchter, 1954; Child, 1970).

En effet, les algorithmes de calcul qui utilisent les corrélations entre les variables et tiennent donc compte de la manière dont chaque variable varie avec les autres, permettent de trouver des variables latentes derrière les variables manifestes.

Chaque variable aura donc un poids différent (une corrélation plus ou moins grande) sur les facteurs dégagés et c'est cette pondération différente donnée par les coéfficients de saturation dans la matrice factorielle qui nous permet de donner une signification au facteur.

Nous avons donc utilisé l'analyse factorielle sur les variables de déviance. Toutefois, pour rendre la méthode applicable, nous avons dû créer 24 variables dichotomiques[2].

L'analyse ainsi réalisée aboutit à confirmer les résultats obtenus par Hausman et Dickes (1982); nous n'en présentons les résutats que brièvement.

Trois facteurs peuvent être isolés. Le premier comporte les délits contre les biens: il s'agit de délinquance proprement dite, vol et vandalisme. Le deuxième facteur montre la parenté qui existe entre les conduites «libérées» qui sont des délits statutaires dans l'adolescence mais qui ne le sont plus à 18 ans. Enfin, le troisième facteur regroupe les questions sur la consommation d'alcool et le vandalisme.

---

[2] Variables construites en considérant que
0 = jamais ou il y a longtemps,
1 = cette année ou cette année et avant.
En effet, la métrique nominale des réponses aux questions ne pouvait pas se prêter à l'analyse; dans ce cas l'analyse des correspondances est plus indiquée.

Ainsi est mise en évidence la nature occasionnelle et non foncièrement délinquante de ces actes de vandalisme qui souvent accompagnent les chahuts et les défoulements sous l'emprise de l'alcool. Ces actes de vandalisme ont donc une double appartenance puisqu'ils figurent déjà en bonne place parmi les items « réellement » délinquants du premier facteur.

Nous présentons ici les saturations des variables sur les facteurs. Les trois facteurs répondent de 33 % de la variance totale.

Le premier facteur

Vol d'objets entre 100 et 1.000 F	.84
Vol d'objets de moins de 100 F	.74
Vol dans supermarché	.67
Vol de plus de 1.000 F	.64
Vol d'argent à la maison	.62
Entrée sans autorisation dans chalet, maison	.61
Vandalisme contre les biens privés	.46
Vandalisme contre les biens publics	.44

Il s'agit bien d'un facteur qui regroupe tout ce qui peut être considéré comme délinquance contre les biens : vol, vandalisme, violation du domicile. Ce facteur est bien un facteur de délinquance puisqu'il regroupe les items dont la portée délictueuse est claire.

Le deuxième facteur regroupe les items qui concernent les conduites considérées comme déviantes à l'adolescence mais qui à l'âge de 17-18 ans traduisent une indépendance par rapport aux normes.

- Aller au café	.54
- Assister à un spectacle sans ticket	.52
- Aller au dancing	.49
- Entrer sans autorisation dans un chantier, jardin,...	.49
- Refus de faire ce que les parents ordonnent	.48
- Quitter la maison 4-5 heures sans prévenir	.46

Le troisième facteur

- Vandalisme contre les biens publics	.54
- Vandalisme contre les biens privés	.51
- Boire plus de 5 verres de bière	.48
- Boire plus de 5 verres de vin	.47
- Boire plus de 5 verres de blanc-coca, gin-orange	.43
- Boire plus de 5 verres de cognac ou de whisky	.43

La présence des deux items de vandalisme sur ce facteur montre qu'il s'agit d'un facteur d'une délinquance particulière qui est liée à la prise d'alcool. On peut penser que c'est le caractère occasionnel des libations et de la délinquance associée qui permet à ces deux conduites de figurer sur le même facteur.

L'utilité des analyses factorielles portant sur les questionnaires de délinquance auto-révélée est largement discutée par P. Dickes et P. Hausman (1982); ces analyses ne sont toutefois présentées ici que pour apporter une confirmation supplémentaire à leurs travaux et souligner l'utilité de distinguer une échelle de déviance d'une échelle de délinquance auto-révélée qui ne reprendrait que les «délits». En effet ceux-ci se regroupent bien sur un même facteur, tandis que l'indépendance vis-à-vis des normes et la prise de boissons alcoolisées relèvent d'une autre gamme de comportement[3].

C'est pour répondre au débat concernant le caractère multidimensionnel ou unidimensionnel de la déviance que P. Dickes et Hausman proposent de ne pas utiliser les résultats de l'analyse factorielle comme mesure de la déviance, mais plutôt de procéder à la construction de cette mesure sur base d'analyses statistiques plus nuancées.

B. Le continuum de la déviance

Afin de nuancer et d'approfondir la description de la déviance comme pattern de comportement, nous nous sommes tournés vers l'analyse des correspondances (Bourouche, Saporta, 1980).

Comme l'analyse factorielle, l'analyse des correspondances permet de découvrir les dimensions latentes des variables. Elle est cependant mieux adaptée aux variables qualitatives. Il s'agit en fait de dégager quels sont les véritables patterns de comportements qui font que les jeunes qui adoptent tel comportement en adoptent également (peut-être) d'autres. Par cette méthode, on pourra voir s'il y a des constantes dans ces ensembles de comportements, soit dans leur manière de s'organiser, soit dans leur répétition. En préservant l'aspect qualitatif des réponses fournies (aspects que nous avons dû abandonner dans l'analyse factorielle), nous pourrons apporter un nouvel éclairage aux deux questions fondamentales suivantes :

1. Lorsqu'il y a délinquance, y a-t-il une tendance à poser des actes

---

[3] Cette conclusion est quelque peu différente de celle de P. Hausman, mais, n'oublions pas que l'âge de population est différent et que, ce qui est prélude à la délinquance à 15 ans (aller au dancing par exemple) ne l'est pas à 18 ans.

déviants diversifiés (multi-délinquance) ou des actes similaires (délinquance spécifique) ?

2. Peut-on distinguer une déviance des jeunes en tant que phénomène différent de la délinquance ?

Ainsi se posent en termes empiriques les problèmes de :
- la délinquance unique,
- la récidive,
- la définition socio-psychologique de la déviance,
- la définition de la délinquance.

L'analyse des correspondances créée par Benzecri est une méthode factorialiste : elle cherche à réduire le nombre de variables grâce à la découverte de dimensions latentes qui rendent compte au mieux de la variance des variables initiales. Par rapport à l'analyse factorielle, l'analyse des correspondances présente l'avantage de partir de l'analyse des tableaux de contingence et d'utiliser comme indice d'association entre les variables la métrique du chi carré. En cela l'analyse rend compte d'associations non-linéaires.

Par la prise en compte de chaque modalité de chaque variable, l'analyse des correspondances est parfaitement adaptée à l'étude de données nominales comme on en rencontre fréquemment dans les questionnaires inspirés de problématiques qualitatives.

Pour aboutir à une évaluation des dépendances entre plusieurs groupes de caractères qualitatifs associés à des individus, on établit un espace multidimensionnel dont on cherche à dégager les plans factoriels (Mengal, 1980).

Les représentations graphiques des axes factoriels constituent les résultats les plus significatifs pour l'interprétation puisque l'on peut utiliser les coordonnées des modalités sur les axes pour visualiser les liaisons entre les variables et entre les individus.

Par la représentation graphique des modalités des différentes variables projetées sur les plans des différents facteurs extraits, cette analyse présente l'énorme avantage de tenir compte de l'aspect qualitatif contenu dans le mode d'interrogation adopté pour saisir la délinquance auto-révélée.

Dans la présentation des résultats, nous analyserons d'abord séparément les trois premiers facteurs qui sont clairement interprétables. Ensuite, nous essayerons de donner une interprétation conjointe de ces trois facteurs de sorte que la structure des conduites déviantes de notre population soit mise en lumière.

Première dimension

L'implication persistante dans les conduites de type délinquant.

On constate que les sujets de notre échantillon se positionnent très nettement sur le premier axe isolé par l'analyse. Cet axe est à interpréter comme allant de l'inexistence de tout acte délinquant jusqu'à la présence d'actes les plus graves.

Le point ultime de cet axe est le vol d'objets de plus de 1.000 F. Un cran moins loin, on trouve le vol d'objets ayant une valeur entre 100 et 1.000 F, ensuite le vol de plus de 100 F (seulement cette année), ensuite, le fait d'être entré sans autorisation dans une maison, ensuite le vol dans un supermarché, puis la prise de drogue et ensuite différentes autres conduites moins «graves», s'échelonnant jusqu'au point où sont situés ceux qui n'ont commis aucun de ces délits.

Le point essentiel est que tous ces délits figurent sur cet axe s'ils ont été commis cette année et avant cette année (Il s'agit des modalités ainsi stipulées dans notre questionnaire).

Cette échelle de gravité et de persistance croissante peut se représenter ainsi :

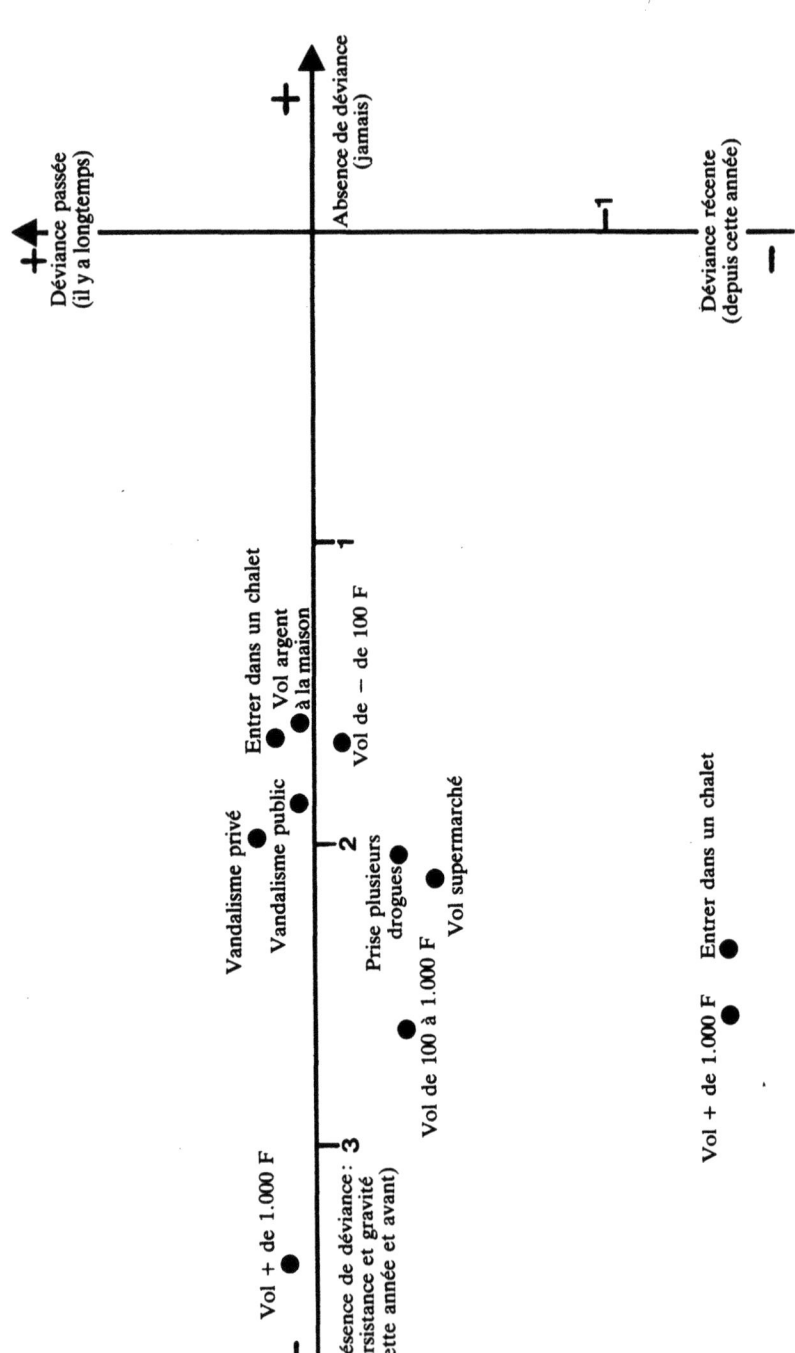

La succession des autres modalités sur cet axe est plus complexe car il y a combinaison des modalités de persistance et des modalités de récence. Cependant l'interprétation de l'axe reste clairement « l'engagement dans des activités déviantes ». Les modalités extrêmes de cet axe de persistance dans la délinquance sérieuse montrent qu'il y a de « vrais délinquants » pour qui l'accomplissement d'un acte n'est pas un événement isolé mais une conduite ayant un caractère répétitif.

Toutes les variables du questionnaire de délinquance auto-révélée se positionnent le long de cet axe (les bagarres, les absences du domicile parental). C'est la non-fréquentation des dancings qui constitue le pôle positif de l'axe montrant bien qu'il s'agit d'un axe extrêmement sensible à toutes les conduites qui différencient sur un continuum les enfants « sages » des jeunes délinquants « récidivistes » (au sens comportemental et non au sens juridique).

Seule la consommation des différents alcools ne joue aucun rôle. La consommation de bière par contre se positionne sur cet axe puisque le fait de boire plus de 10 verres de bière occupe une position similaire à celle occupée par le fait d'entrer à un spectacle sans payer.

La dimension délinquante est donc la plus prégnante même si la consommation d'alcool n'est pas sans influence sur les comportements délinquants (l'expérience courante atteste suffisamment de ce fait).

Le vol de plus de 1.000 F est l'item le plus extrême sur cet axe; en effet, si le jeune reconnaît avoir volé des objets de plus de 1.000 F cette année et aussi les années précédentes, il occupe la position extrême sur cette dimension. S'il avoue n'avoir volé que cette année, il est un peu moins loin sur l'axe mais occupe tout de même une position assez « délinquante ». S'il avoue l'avoir fait il y a longtemps, il reste néanmoins situé encore très près des délinquants sur cet axe.

Ce premier facteur de l'analyse des correspondances s'avère donc crucial pour la compréhension de la délinquance dans la population des jeunes de 17-18 ans.

En effet, nous voyons qu'un nombre non négligeable de jeunes avouent avoir commis certains délits mais que la répétition de ces délits au fil des années met les jeunes sur un continuum qui aboutit à une délinquance (tout au moins contre les biens) de plus en plus affirmée et de plus en plus grave.

Le deuxième axe factoriel met simplement en évidence l'opposition qui existe entre d'une part ceux qui ont commis ces actes cette année-ci seulement et d'autre part tous les autres : ceux qui n'ont jamais commis d'actes déviants, ceux qui ont commis ces actes il y a longtemps ou bien même ceux qui reconnaissent l'avoir fait cette année et les années précédentes.

Cette opposition se marque uniquement pour les actes qui sont clairement des délits (les vols entre 100 et 1.000 F, le vol dans un supermarché, le vandalisme privé et public, le vol d'objets de moins de 100 F, le viol de domicile et le vol d'argent à la maison). Ce que nous révèle l'analyse des correspondances c'est donc qu'il y a une différence essentielle dans la structuration des conduites délinquantes entre ceux qui commencent à voler à l'âge de 17-18 ans et tous les autres voleurs ou non-voleurs.

Ce qui semble très particulier chez ces néophytes, c'est le caractère assez bénin des délits avoués; de plus, ni la consommation de drogue, ni la consommation d'alcool ne figurent dans le tableau.

Tout laisse donc penser que cet axe nous livre surtout des délinquants «occasionnels» ou plus exactement des sujets pour qui la délinquance a été commise parce qu'une occasion s'est présentée.

Le troisième facteur ne vient somme toute que confirmer les constatations faites à propos des deux premiers axes puisqu'il met en évidence l'opposition entre d'une part ceux qui persistent (cette année et les années précédentes) et, d'autre part, ceux qui ont commis les délits cette année ou ceux qui ont commis les délits il y a longtemps.

L'interprétation générale de cette analyse des correspondances est donc:

1. que la structure des comportements déviants dans notre échantillon est différente selon qu'il s'agisse de déviance persistante ou de déviance occasionnelle,

2. que la déviance persistante comprend une structuration hiérarchisée de conduites qui vont des formes bénignes vers les formes les plus graves,

3. que cette structuration hiérarchisée comporte les niveaux qui ont été repris lors de l'analyse du premier axe.

Ainsi, à partir de ce premier axe, il est possible de disposer d'une échelle de déviance dans laquelle chaque comportement reçoit une pondération d'après sa contribution à la formation de cette dimension d'engagement dans la déviance. Nous obtenons ainsi une mesure de l'adoption, pour chaque individu, de comportements socialement problématiques.

Ces résultats ont non seulement une portée pratique en permettant de construire une échelle d'adoption de conduites socialement problématiques, mais ils ont aussi une portée théorique considérable. En effet, la confirmation empirique de l'hypothèse théorique d'un continuum de déviance était encore à réaliser. L'approche par analyse factorielle ne permettait pas d'avoir une vision claire de ce continuum.

De plus, on voit ici que les comportements déviants les plus graves apparaissent sur ce continuum même s'ils n'ont pas un caractère répétitif alors que les conduites de déviance bénigne ne s'y positionnent guère. Ainsi, le vol de plus de 1.000 F, même commis une fois, s'inscrit en bonne place sur le continuum alors que le vandalisme n'y prend place que s'il a été commis cette année et aussi les années précédentes.

On ne peut donc pas parler vraiment d'une échelle de persistance des conduites déviantes, puisque des actes non-persistants y figurent, mais plutôt d'un engagement, d'une adoption de plus en plus systématique d'actes à coloration déviante.

A cet égard, la consommation répétitive de drogues illégales s'avère être une conduite vraiment marginale, alors que la consommation d'alcool est moins symptomatique de la progression dans la déviance.

Lorsqu'on observe les modalités des variables ayant trait à la consommation d'alcool, on voit que les consommations moyennes suivent une certaine progression sur l'axe. Ceci signifie qu'une certaine consommation d'alcool accompagne les autres premières adoptions de conduites déviantes. Par contre, la consommation importante d'alcool ne se positionne pas plus loin sur l'axe de déviance. Ceci pourrait être interprété de la façon suivante : après un certain seuil de consommation, les jeunes n'ont devant eux que deux voies divergentes, soit l'alcoolisation plus forte sans augmentation de la délinquance, soit l'augmentation des conduites déviantes sans alcoolisation supplémentaire.

Bien entendu, il s'agit d'une conclusion en termes de tendance statistique comme toutes les autres conclusions obtenues grâce à l'analyse des correspondances. Toutefois, il est ainsi prouvé que l'adoption de patterns de comportements socialement problématiques par les jeunes de 17-18 ans qui constituent notre échantillon est bien une notion cohérente qui correspond à une réalité. Il ne s'agit pas seulement d'un construct théorique, mais d'un continuum empiriquement démontrable. Nous avions donc raison de vouloir expliquer un pattern de comportement plutôt qu'un comportement spécifique isolé.

Il est donc éminemment utile de chercher à comprendre l'adoption répétitive de ces conduites déviantes qui semblent préparer la voie à des conduites de plus en plus graves (et aussi plus rares).

Grâce à l'analyse des correspondances nous pouvons disposer d'un score composite reflétant adéquatement ce pattern de comportement. En effet, on peut accorder à chaque individu un score par sommation de ses coordonnées pour chaque variable sur le premier axe factoriel[4]. Cette mesure de la déviance répond parfaitement aux exigences énoncées par Dickes et Hausman (1982) et constituera donc la variable dépendante de notre étude.

---

[4] Chaque fois que nous parlerons de déviance dans les analyses empiriques, c'est à ce score que nous nous référerons.

Chapitre 6
L'identité psychosociale du jeune délinquant

Le Moi, le Self, l'Ego et le Soi sont les termes que l'on retrouve le plus souvent pour désigner l'instance qui met l'individu en contact avec le monde extérieur et qui lui permet de réguler son comportement en terme d'interaction avec cet environnement. Les nuances apportées par les auteurs sont très variées; certains emploient ces termes comme des synonymes, d'autres comme totalement différents.

Nous reprendrons à Ausubel (1952, 13) le diagramme des relations entre le Corps, le Self, le Moi et la Personnalité.

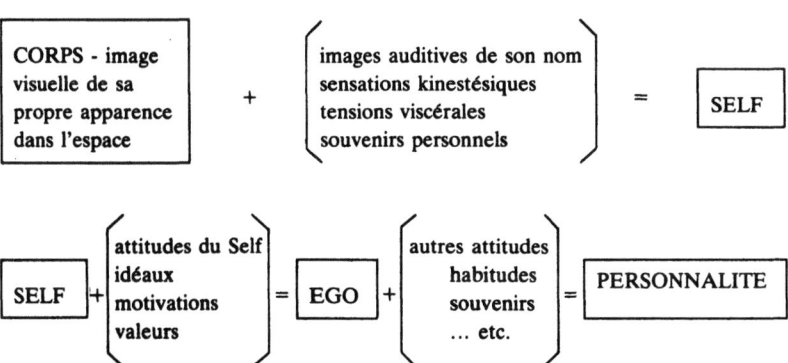

Sous les termes génériques englobant tout le fonctionnement de l'adaptation à la réalité interne et externe de l'individu (le Moi comme intermédiaire entre le Ça, le Sur-Moi et la réalité chez Freud; ou le Self qui comprend à la fois l'intelligence, les attitudes, les perceptions et les comportements pour les auteurs américains), on retrouve différents concepts plus facilement opérationnalisables: l'image de soi, la force du Moi, le self-concept, la self-esteem. Il est important de constater que ces concepts sont employés essentiellement dans un sens identique quel que soit le courant théorique de base auquel les auteurs se réfèrent dans leur introduction théorique.

Ainsi, par exemple, lorsque Selosse (1980) parle *d'identification*, il cite à la fois Rogers, G.H. Mead, Erickson, Cattel, Allport, Baldwin, Wallon, Piaget et Hartmann (sans mentionner Freud).

De même, lorsque la psychologie sociale contemporaine se réfère à *l'identité psychosociale* comme à un concept à la recherche d'une science (Zavalloni M., 1973), elle remonte également à G.H. Mead et Erickson, mais elle y ajoute les anthropologues culturels Malinowski, Margarette Mead, Kardiner et Linton.

Nous préférons garder une référence de base en parlant du «Moi» comme terme générique car ainsi c'est le fonctionnement psychique individuel que nous choisissons comme unité d'analyse. C'est cette unité d'analyse qui est considérée en interaction avec l'environnement.

Le schéma ci-après reprend les grandes lignes des raisonnements théoriques qui nous ont dirigés dans notre approche de l'image de soi du jeune délinquant.

1. QUELLE IMAGE DE SOI?

Parfois appelée perception de soi ou représentation de soi, l'image de soi est définie par Zazzo (1966) comme «les réactions du sujet lorsqu'il est appelé à se décrire, à se définir dans une situation donnée».

Dans cette définition, le premier aspect est la construction de l'image du corps et du schéma corporel qui participent évidemment de l'image de soi. Ces éléments se situent au niveau de base sur lequel le reste se construit. Nous rappelons ici les travaux de Wallon de Zazzo ainsi que de nombreux psychanalystes, dont J. Lacan[1]. L'image du corps

---

[1] Voir A. Algan et N. Nery (1968).

L'IDENTITE PSYCHOSOCIALE

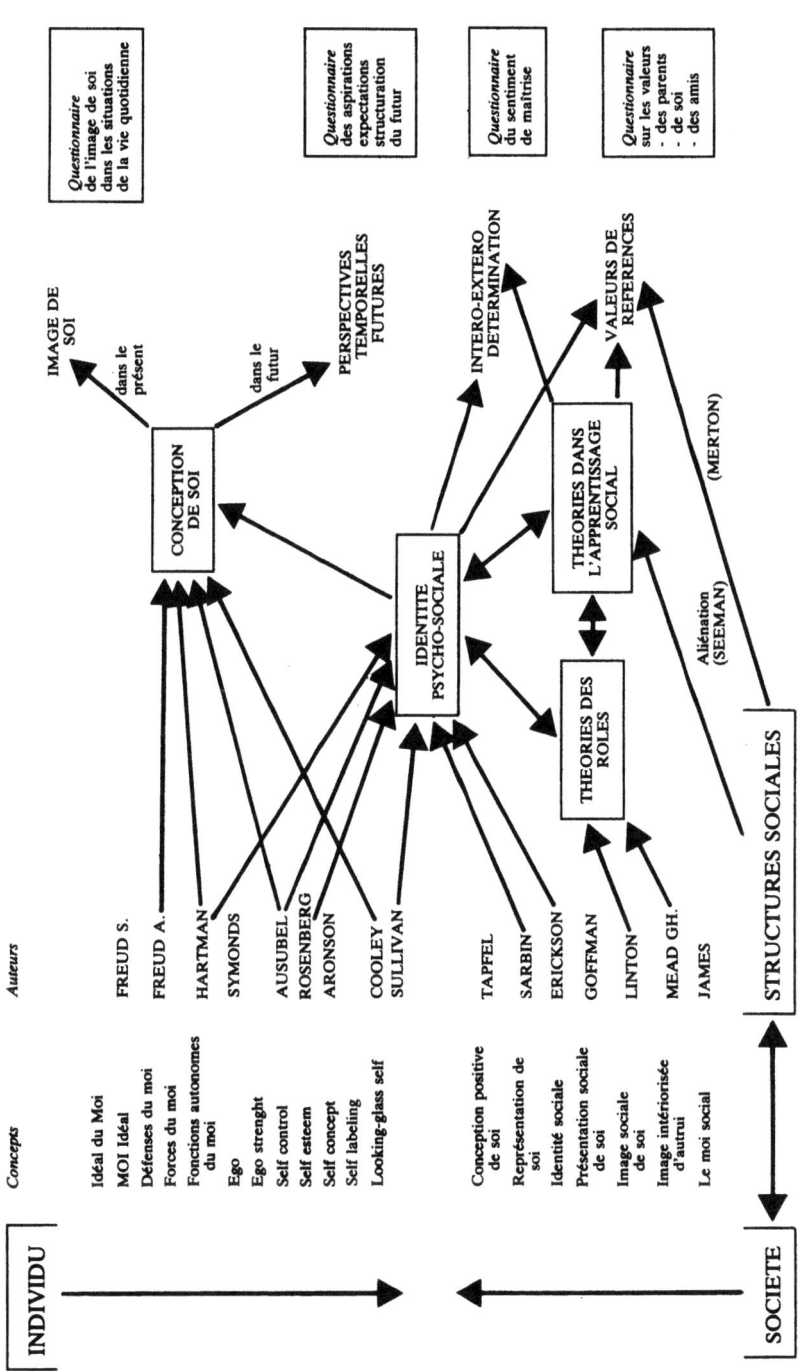

contribue à former l'identité à partir de données sensorielles élémentaires émanant de son propre corps.

Cette problématique du corps dans la construction de l'image de soi est présente dans tout le développement de l'enfant mais resurgit avec acuité à l'adolescence en raison des transformations physiques qui s'opèrent. Quoique, dans certains cas cliniques précis, il nous ait été donné de voir l'influence directe de ce phénomène sur le passage à l'acte délinquant, nous ne nous arrêterons guère à ce sujet parce qu'il est impossible de tout envisager par les méthodes que nous avons choisies.

C'est donc à un niveau plus élaboré de l'image de soi que nous nous attacherons. *L'image de soi est tout ce que l'individu sait de lui-même*: cela va de l'image perceptuelle de soi jusqu'au Moi idéal.

Le «*self-concept*» n'est probablement jamais une unité parfaite puisque chacun s'organise au mieux de ce qu'il peut pour éviter les inconsistances (White, 1976, 412). *L'image de soi* et *l'estime de soi*, sont les deux notions les plus généralement admises comme fondement de ce «self concept». Certains auteurs parlent aussi du *sens de la compétence* qui procède d'une définition interne du Moi: c'est par l'accumulation des expériences vécues sur base du donné génétique que l'individu se forge une perception de ses capacités, de son efficacité...

A ce niveau aussi, certaines perceptions sont contradictoires car la compétence est relative à certaines situations et l'individu peut se sentir compétent tout en étant fort peiné d'une incompétence relative. Ainsi, W. James donne l'exemple du deuxième boxeur mondial qui a beau être plus fort que tous les autres, mais est pourtant extrêmement peiné qu'il y ait une seule personne plus forte que lui.

La notion *d'estime de soi* (self-esteem) est généralement considérée, quant à elle, comme le fruit du jugement que nous portons constamment sur nos actes, nos désirs... Ces jugements fondés sur les valeurs qui ont été intériorisées amènent une évaluation de soi qui est appelée estime de soi.

Comme les autres concepts associés au Moi, cette notion d'estime de soi trouve son origine dans les travaux de W. James, G.H. Head, Freud et les tenants de la psychologie du Moi comme G. Allport ou Symond.

Trois auteurs tentèrent de construire de véritables théories de l'estime de soi (M. Rosenberg, S. Coopersmith et R. Ziller). Ils bipolarisent le débat en considérant qu'il y a des individus ayant une estime de soi élevée s'opposant à des personnes jouissant d'une faible estime de soi. Dans cette optique, des travaux empiriques ont contribué à mettre en relation le niveau d'estime de soi avec d'autres qualités personnelles : intellectuelles ou affectives.

En psychologie sociale, on constate qu'une estime de soi positive est recherchée par tout individu au sein du groupe. S'il n'arrive pas à garder une image positive de soi au sein du groupe, il peut être amené à changer de groupe.

Le rôle de l'image positive de soi est souligné par Reszohazy qui dit que toute image défaitiste de soi est paralysante car «toute action réclame un minimum de confiance en ses possibilités. La conscience que les plus démunis ont de leur infériorité leur interdit de se risquer dans l'inconnu. Pour faire des projets, il faut avoir la conviction de réussir».

Dans un ouvrage de synthèse, L.E. Wells et G. Marwell (1976) passent en revue les différentes conceptualisations qui ont été données à l'estime de soi et ils réalisent un examen critique très approfondi des mesures utilisées.

De cet ouvrage, on peut retenir l'utilité d'une approche multifactorielle de ce concept excessivement large qui ne peut être considéré comme unitaire. Pour ces auteurs, l'avenir du concept dépend surtout d'un élément : l'établissement d'un consensus entre chercheurs sur la signification précise à lui donner, c'est-à-dire comment l'utiliser dans un sens restrictif et non pas comme englobant tout le Moi.

Pour répondre à cette attente, il nous semble que l'image de soi doit être entendue dans le sens de *l'image que tout individu se fait lui-même et de son fonctionnement dans son environnement*. Pour en garder essentiellement la dimension psychosociale, nous dirons que c'est *l'image qu'il a de sa valeur* (self-esteem). Le sentiment d'unité et l'identité psychosociale s'allient à ce sentiment de compétence lors de l'adoption de comportement et la prise de rôle.

Dans la genèse de la formation du Moi, l'image de soi se forme par le reflet que les autres nous donnent de nous-mêmes. Puis il arrive un moment où l'image de soi devient une réalité relativement autonome même si elle est plus ou moins fragile et peut encore être modifiée par le regard d'autrui.

Cette image de soi doit être distinguée, comme le fait Rodriguez-Tomé (1972) de l'image de l'autre. L'autre est présent dans le jugement que l'on porte sur soi-même mais parfois l'image de soi ne correspond pas aux perceptions des autres car une image propre de soi-même s'est formée en parallèle et a subi diverses autres influences tout au long de l'enfance.

La différence entre l'image propre de soi et l'image de l'autre intériorisée permet d'insister sur l'aspect interactif de ces deux images lors d'une situation précise : ainsi le délinquant peut être placé en face d'un interlocuteur qui lui renvoie de lui une image soit conforme soit contradictoire à celle qu'il a de lui-même et l'effet additif ou l'effet provocateur de cette image peut peser d'un grand poids dans le déroulement des comportements.

Un tel processus peut à la longue modifier l'image de soi. Ainsi Rodriguez-Tomé citant Harvey, Kelley et Shapiro, souligne que la représentation de soi se modifie significativement dans le sens des opinions favorables ou défavorables qui ont été communiquées aux sujets. Les renforcements entraînent des changements plus importants et plus durables. Cette opinion d'autrui sur nous est parfois très fortement répandue et officialisée sous forme de «réputation».

Dans notre perspective, cette opinion d'autrui n'intervient que dans la mesure où elle est intériorisée par le sujet et non pas si elle reste extérieure. Ainsi les théories du labeling et de Goffman (1975, 12) tendent parfois à oublier que pour que cette image venant d'autrui soit active, il faut qu'elle rencontre l'image propre que le sujet a de lui-même. La concordance entre ces deux images, ou du moins leur caractère non conflictuel, va permettre un passage à l'acte d'un certain type.

Notre définition de l'image de soi comprend à la fois l'image propre et l'image d'autrui au sens où les entend Rodriguez-Tomé, mais elle n'englobe pas la notion d'«image que l'individu a d'autrui». Ainsi l'opinion que le jeune a sur ses parents, sur les professeurs, sur les adultes ne nous paraît pas entrer dans cette définition, alors que de nombreux auteurs confondent ces différents points de vue. Nous nous distinguons ici nettement de la perspective d'Algan et Nery (1968) qui incluent dans leur bibliographie sur l'image de soi plusieurs ouvrages traitant de la perception d'autrui. En n'incluant pas cette notion dans notre définition de l'image de soi, nous sommes conscients de négliger une partie, peut-être très importante des recherches sur la délinquance qui font une large part à cette dimension[2].

---

[2] Voir par exemple les études sur l'image du père de R.M. Smith et J. Walters (1978).

2. RECKLESS: « L'IMAGE DE SOI PROTECTRICE DE LA DELINQUANCE

Suivant l'idée clé de Reckless, Dinitz et Murray (1956) qui envisagent le «self-concept as in insulator against delinquency», nous pouvons trouver une première comparaison féconde entre délinquants et non-délinquants dans leur manière d'envisager cette caractéristique du Moi qui est dynamique et généralisable à tout individu. De plus, le concept d'«insulator» (ou isolant) a le mérite de ne pas supposer une liaison causale entre le Moi et la conduite délinquante : une bonne image de soi peut jouer le rôle d'un isolant par rapport à la délinquance alors qu'une mauvaise image pourrait agir comme un conducteur. Dans ce cas, l'enfant n'a pas intériorisé de résistances vis-à-vis d'un «mauvais» environnement, d'une «mauvaise» famille ou de «mauvais» compagnons (W.C. Reckless, S. Dinitz et B. Kay, 1957).

Dans cette manière de poser le problème, on voit que Reckless envisage l'origine du comportement délinquant davantage dans l'environnement que dans l'individu. En parlant de l'influence de «mauvais compagnons» il se situe donc dans la perspective culturaliste de Sutherland ou Cohen qui attribuent la délinquance à une sous-culture délinquante. Reckless y apporte un correctif psychologique important à savoir que le Moi de l'individu plongé dans cette sous-culture peut être «conducteur» ou «isolant».

Les deux groupes d'adolescents utilisés par Reckless pour contrôler son hypothèse ont été choisis dans des zones de haute délinquance. Il a suivi en cela la même voie que les Glueck (1950) qui avaient choisi des groupes de délinquants et de non-délinquants dans des quartiers à haut risque. Cette procédure est contestable par rapport à certains objectifs et excellente par rapport à d'autres à deux titres: d'abord, elle ne tient pas compte des remarques formulées dans la première partie par la criminologie de la réaction sociale, ensuite, elle limite la variance des phénomènes observés. En effet, il y a une homogénéisation de la population selon deux aspects qui sont très importants en cette matière : la variance sur le quartier est réduite et de ce fait les variations en matière de classe sociale, de mode de vie, de «sous-culture» sont également réduites, puisque nous connaissons le caractère relativement homogène des quartiers en zone urbaine; ceci déjà vrai en Europe, l'est encore davantage aux Etats-Unis dans les «slums».

La réduction de la variance de ces phénomènes ne permet pas de contrôler vraiment l'influence de la variable «image de soi» mais n'enlève cependant rien à la valeur stimulante des réflexions suscitées par la comparaison entre les deux groupes étudiés par Reckless ou par les Glueck.

Les jeunes interrogés par Reckless n'avaient pas commis d'infractions mais, les uns semblaient très près d'en commettre et les autres n'avaient pas une «tendance» à la délinquance. On peut, ici aussi, critiquer très fortement l'usage de cette qualification qui se réfère à une vue simpliste de type pulsionnel de la délinquance, alors qu'elle est intégrée dans une recherche dont les présupposés théoriques sont comme nous l'avons indiqué ci-dessus de type culturaliste.

Ces remarques nous amènent à ne pas considérer comme suffisantes les preuves dont Reckless fait mention, même si l'hypothèse qu'il avance reste séduisante.

Reckless indique que les 125 non-délinquants s'auto-évaluent comme obéissant à la loi. Comme dans les résultats que nous avons obtenus par l'usage du questionnaire de Gough (Born, Dickes, Gailly, Hausman, 1980), ils se considèrent comme plus stricts que les autres sur ce qui est bien ou mal, ils disent chercher à éviter les problèmes et se conformer aux attentes des autres et de leurs parents. Ils se sentent peu portés à la délinquance et risquent peu d'être un jour «traduits» devant la justice. Ils s'estiment dans la «moyenne» en ce qui concerne les capacités, le niveau d'activité et aussi l'agressivité. Quand on leur demande ce qui, selon eux, permet d'éviter aux garçons de «tourner mal», ils répondent: une bonne famille et des amis non déviants. Nous reviendrons sur ces différents aspects dans la partie empirique.

Reckless en conclut que l'intériorisation de ces attitudes non déviantes joue un rôle important comme «isolant»: ces jeunes s'isolent de tous les milieux qui peuvent fournir des occasions de déviance. Cette intériorisation protège donc de l'entraînement de l'environnement. Pour l'auteur, l'image de soi est antérieure à toute délinquance et semble bien être déterminante pour le passage à l'acte délinquant.

Ici, Reckless hésite entre une interprétation culturaliste et une interprétation de type pulsionnel. En effet, l'interprétation culturaliste ressort nettement des réponses données par les jeunes lorsqu'ils disent «ne pas avoir de mauvais compagnons» et lorsque l'auteur insiste sur le fait que le jeune non-délinquant s'isole des groupes à haut risque.

Par contre, l'interprétation pulsionnelle réapparaît quand il relève le caractère antérieur de l'image de soi et la valeur prédictive de cette caractéristique en raison de la stabilité de cette image; Reckless donne l'impression de considérer la bonne image de soi (et donc, sous-entendu tout le «Moi»), comme une nécessité chez certains enfants. Il s'agirait d'une pulsion à avoir une bonne image de soi qui conduirait l'individu à adopter des conduites (évitement de certains groupes) qui lui éviteraient la délinquance.

Cette interprétation sous-jacente est très proche de celle que nous avons relevée chez Tapfel et Turner (cité in Doise, 1978), lorsqu'ils posent en principe théorique que «les individus tentent de maintenir ou d'accéder à une identité sociale positive». Cette dynamique de l'individu n'évite pas totalement l'écueil qui consiste à faire reposer une problématique psychosociale sur une base pulsionnelle.

Nous tenterons dans notre étude d'éviter cette ambiguïté en nous situant clairement dans un schéma explicatif de type sociétal fonctionnaliste (pour nous, l'influence sociale est prépondérante) et non pas de type pulsionnel même si nos mesures au niveau individuel font une large place à des processus intra-psychiques en guise de variable intermédiaire.

3. SELOSSE: L'IDENTIFICATION NEGATIVE

En matière d'image de soi chez les délinquants, un deuxième courant important s'est fait jour et conduit Selosse (1980) à proposer le concept d'identification négative comme aboutissement à la fois de la notion d'identité psychosociale (vue dans le chapitre précédent) et de la théorie de la délinquance sous l'angle de la stigmatisation.

Faisant lui aussi référence aux travaux de G.H. Mead et Zavalloni pour l'approche psychosociale, à ceux de Wallon, Piaget et Zazzo pour l'aspect développemental, aux théories psychodynamiques de Hartmann et d'Erickson et citant également une définition de Reckless, Selosse insiste sur le processus d'identification à autrui qui est à la base de la construction et du façonnement du Moi: G.H. Mead parle d'autrui généralisé, Baldwin d'imitation, Reckless de socialisation, Gough et Chandler de la prise de rôle. Cette même notion d'identification correspond chez Bandura à l'apprentissage social et en psychanalyse à l'identification aux images parentales et à leur intériorisation. Pour Erickson (1968) il s'agit du sentiment de la réalité de soi au sein de la réalité sociale et pour les interactionnistes ce sont les attentes d'autrui et la valorisation réciproque qui créent l'identification à des autruis signifiants.

Selosse prend la théorie du *contrôle social en guise d'illustration de l'aspect «covariant des réalités sociales avec les traits individuels»* et aboutit également à la notion d'identité. Le comportement délinquant n'est possible que par la faillite des contrôles internes et externes qui sont associés aux organisations de contrôle, c'est-à-dire la famille, l'école et la justice.

Pour la théorie du contrôle social, le comportement social de tout individu relève de la socialisation. La délinquance est considérée comme une faillite de la socialisation. Si l'on sait que l'identification aux personnes socialement intégrées est une des clés du processus de socialisation, on comprend que la faillite de cette identification puisse jouer un rôle important.

En fait, dans les recherches portant sur la délinquance, l'argumentation essentielle en faveur d'une image de soi négative est trouvée dans les multiples recherches empiriques qui ont montré des différences significatives entre délinquants et non-délinquants quant à l'image ou la valorisation de soi-même lorsqu'elles s'appuient sur ces conceptions théoriques différentes (Weishaupt, 1980). Les processus de l'édification et du développement de l'image de soi sont interprétés en terme de perception négative ou de dévalorisation selon le cadre théorique adopté.

L'effort de Selosse porte principalement sur la liaison entre ce concept d'identification négative et les conceptions actuelles de la criminologie vue sous l'angle de la réaction sociale.

Ainsi, sous la rubrique des effets de l'identification négative, l'auteur reprend les manières dont elle intervient. Il s'agit :

- soit *« d'une prise de distance sociale des sujets, d'un retrait ou d'un rejet faisant suite à un regard discriminatoire »*,

- soit *« d'une dénomination de leur différence, de leur singularité ou de leur écart par rapport aux références normatives. L'étiquetage social peut entraîner une réduction des capacités et accuser l'aspect négatif des traits attribués »*,

- soit *« d'une stigmatisation qui enferme l'individu à n'être conforme qu'au stéréotype déterminé par autrui »*.

Selosse poursuit en disant que l'aspect dynamique du processus d'identification négative a été surtout étudié par rapport à deux structurations progressives qui correspondent l'une au passage d'une déviation primaire à une déviation secondaire ; l'autre au mécanisme de réalisation par le sujet des prévisions d'autrui.

Ce type d'interprétation est fortement influencé par Lemert en ce qui concerne l'importance accordée au fait pour le déviant de rendre son comportement conforme aux réactions sociales et institutionnelles ainsi que par Goffman qui montre des individus devenant tels qu'ils sont définis par l'identification négative.

La conclusion de Selosse est que :

« *Les recherches sur l'identification et l'aboutissement dans une identité (positive ou négative) suggèrent que les modes d'expériences de vie s'inscrivent dans des processus réflexifs et affectifs de réciprocité en fonction de structures d'interventions propres à l'histoire et à l'équipement des individus* ».

Souvent les individus définis négativement (déviants, dissociaux) se caractérisent par l'accumulation d'échecs graves sur tous les plans : affectifs, scolaires, sociaux, professionnels, économiques et autres. Ces échecs développent un sentiment et une perception de soi dévalorisés, qui incitent à une protestation vindicative et à une opposition agressive, voire destructive ou/et à un retrait autistique pouvant aller jusqu'à une régression parfois autothanatique. L'identification négative qui accompagne ou qui résulte de ces échecs intervient comme un processus aboutissant à une véritable « mort sociale ».

L'identification négative constitue donc une théorisation intéressante au niveau psychologique des efforts récents de théorisation en criminologie.

4. CE QUE LES JEUNES PENSENT D'EUX-MEMES

Les différents travaux qui viennent d'être décrits à propos de l'image de soi nous ont amenés à créer un questionnaire couvrant les différents aspects envisagés. Ces questions seront soumises à l'analyse empirique pour voir dans quelle mesure, sur une population d'adolescents, on peut vérifier ces hypothèses ainsi que les hypothèses de liaison entre image de soi et délinquance.

Les techniques prospectives telles que l'auto-portrait ou le T.A.T. sont d'un grand intérêt pour ce type de problème comme nous l'avons montré lors d'une recherche antérieure (Born, 1975). Elles ne sont cependant guère applicables dans une recherche plus vaste comprenant un assez grand nombre d'individus en raison des difficultés de passation et de systématisation des données.

De plus, des hypothèses précises ayant été formulées, il convenait de disposer d'un matériel d'investigation à la fois précis et économique de manière à permettre des traitements statistiques. Ceux-ci sont destinés à rencontrer notre préoccupation essentielle qui est de situer la problématique individuelle par référence à la population générale.

Nous avons essayé diverses formulations pour nos questions en nous basant sur des entretiens individuels que nous avions avec des adolescents présentant des problèmes psychologiques ou sociaux. Finalement, nous avons élaboré en collaboration avec S. Weishaupt (1980) un questionnaire qui a été utilisé en guise de pré-test du volet spécifique du présent questionnaire.

En nous inspirant surtout de l'approche de Rodriguez-Tomé, nous voulions dans le self-concept différencier l'image propre de l'image d'autrui. Le questionnaire utilisé par S. Weishaupt (1980) contenait un grand nombre de questions suffisamment disparates pour assurer une plus grande objectivité en évitant de laisser apparaître clairement aux yeux de la personne interrogée quel était l'objet de la recherche.

Plusieurs représentations de soi étaient fournies par le biais des images sociales, à travers la perception de l'avis des parents, des amis et du milieu scolaire. Cette image sociale de soi est celle dont l'individu reconnaît l'origine en autrui ou qu'il attribue à autrui. D'autres questions visaient la description de soi-même que le sujet fait de son propre point de vue.

Un premier ensemble de 43 items portait sur le passé. 60 autres items portaient sur le présent, c'est-à-dire sur les images propres et les images d'autrui provoquées dans les situations actuelles de la vie quotidienne avec les adultes et avec les pairs. Ces items étaient mélangés à des questions portant sur les conditions d'existence et la vie relationnelle. Plusieurs questions étaient tirées des tests MMPI, de Guilford-Zimmerman, Bernreuter, Remmez, Gough et Hirschi.

Dans son ensemble, le questionnaire testé sur 174 jeunes comportait 103 questions dont nous n'avons repris qu'un petit nombre, parmi celles qui différenciaient le mieux le groupe des délinquants placés en institutions du groupe de jeunes «normaux».

Voici les douze items retenus ainsi que leurs fréquences dans notre échantillon :

1. En général, je suis assez fier de moi.
   souvent   29,1 %
   parfois   60,9 %
   rarement   8,9 %
   jamais   1,2 %

2. Je suis quelqu'un d'assez critiqué.
   - très — 12,8 %
   - un peu — 48,1 %
   - pas du tout — 39,1 %
3. J'ai confiance en moi-même.
   - oui — 65,9 %
   - un peu — 30,2 %
   - non — 3,9 %
4. Je me sens aussi capable et adroit que les autres.
   - plus capable — 8,1 %
   - aussi capable — 86,8 %
   - moins capable — 5 %
5. Je réfléchis avant d'agir.
   - toujours — 19,4 %
   - souvent — 57,4 %
   - parfois — 22,5 %
   - jamais — 0,8 %
6. Je suis laid.
   - très — 1,9 %
   - assez — 18,6 %
   - pas — 79,5 %
7. Il m'est arrivé d'abandonner une activité parce que je me sens un incapable.
   - souvent — 2,7 %
   - parfois — 41,5 %
   - jamais — 55,8 %

Ces items reflètent le jugement que les jeunes portent sur eux-mêmes : on voit se dégager des pourcentages mentionnés une image d'une jeunesse somme toute assez satisfaite d'elle-même.

Il n'en est pas tout à fait de même dans l'image qu'ils ont retirée de ce que leurs parents et professeurs pensaient d'eux ; ce qui est visé ici c'est évidemment une sorte de labellisation intériorisée.

8. Mes professeurs disaient que j'étais un mauvais élève.
   - très mauvais élève — 2,7 %
   - assez mauvais élève — 6,2 %
   - moyennement mauvais élève — 34,5 %
   - peu mauvais élève — 19,8 %
   - pas mauvais élève du tout — 36,8 %
9. Mes professeurs, en général, avaient de la sympathie pour moi.
   - beaucoup de sympathie — 17,1 %

assez de sympathie	44,6 %
moyennement de sympathie	31 %
peu de sympathie	6,2 %
pas de sympathie	1,2 %

10. Mes professeurs disaient que je ne serais jamais bon à rien.

toujours	0 %
souvent	1,9 %
parfois	22,9 %
jamais	75,2 %

11. Mes parents en général étaient fiers de moi.

très fiers	15,1 %
assez fiers	45,3 %
moyennement fiers	32,6 %
peu fiers	5,8 %
pas fiers	1,2 %

12. Mes parents disaient que je serais un incapable.

très souvent	1,9 %
souvent	5 %
parfois	23,6 %
jamais	69,4 %

Ces items ont été soumis à l'analyse factorielle en composante principale (suivie d'une rotation varimax) afin d'examiner la stabilité de la structure mise en évidence par Rodriguez-Tomé et d'obtenir une réduction des variables par la création de scores factoriels.

Effectivement deux facteurs peuvent être isolés qui expliquent 34 % de la variance.

Le premier facteur comprend les items relevant de *l'image venant d'autrui*.

	Saturation après rotation
- Mes professeurs disaient que j'étais un mauvais élève	.75
- Mes professeurs disaient que je ne serais jamais bon à rien	.68
- Mes parents, en général, étaient fiers de moi	-.64
- Mes parents disaient que je serais un incapable	.58
- Mes professeurs, en général, avaient de la sympathie pour moi	-.49
- Je réfléchis avant d'agir	-.42

Le deuxième facteur, quant à lui, reprend les items qui concernent *l'image propre de soi*.

- J'ai confiance en moi-même	.76
- Je me sens aussi capable et adroit que les autres	.56
- En général, je suis assez fier de moi	.52
- Je pense que je suis laid	-.40
- Je réfléchis avant d'agir	.33
- Il m'est arrivé d'abandonner une activité parce que je me sens un incapable	-.33
- Je suis quelqu'un d'assez colérique	-.31

Cette analyse factorielle confirme donc nettement la différence faite par Rodriguez-Tomé entre l'image propre et l'image venant d'autrui.

L'interprétation et la stabilité des facteurs s'avèrent satisfaisantes et nous obtenons ainsi des indicateurs concernant l'image de soi qui répondent aux remarques formulées par Wells et Marwell (1976). En effet, une mesure de l'image de soi qui serait un simple construct théorique ne permettrait guère d'obtenir des preuves tangibles quant à sa liaison avec d'autres phénomènes. Par contre, lorsqu'il y a rencontre entre une démarche empirique et une réflexion théorique, on peut avoir une confiance plus grande dans la validité du concept utilisé.

Nous n'avons pas la prétention de croire qu'à l'aide de quelques questions relativement naïves, nous aurions cerné la totalité de l'image de soi, cependant nous pensons en avoir clarifié un aspect.

Les deux dimensions mises en évidence sont relevantes pour l'approche du passage à l'acte déviant :

Ainsi, la dimension de l'image propre de soi correspond à ce que Reckless prétend être l'image de soi protectrice de délinquance.

De l'autre côté, la dimension de l'image de soi venant d'autrui correspond surtout aux théories du labeling et de l'intériorisation d'une identité négative. Les mécanismes sous-jacents à l'intégration d'une telle identité seraient de l'ordre de l'apprentissage social par renforcements négatifs constants et la «self fulfilling prophecy».

L'indépendance factorielle des deux dimensions indique une différence nette entre les deux aspects de l'image de soi. Une personne pourrait se forger une identité propre positive alors que son identité venant d'autrui serait négative et vice versa.

Il peut donc y avoir des mécanismes de protection qui joueraient au niveau individuel : on peut ne pas se laisser influencer par le jugement d'autrui. Mais à quel prix ?

Ce mécanisme de prise d'identité propre serait, d'après Rodriguez-Tomé, plus lié au développement personnel et à la manière dont évolue, durant l'adolescence, la prise de conscience de soi. Même si la conscience de soi reste influencée par la vision d'autrui, un sentiment plus profond d'identité personnelle impose une plus grande distance par rapport à soi-même et à autrui.

Il est donc possible de concevoir théoriquement cette indépendance entre les deux dimensions.

L'aspect essentiel de l'image propre de soi se trouve essentiellement dans ce caractère évaluatif de soi-même : la polarité est positive ou négative. On peut se méfier de soi ou avoir confiance dans ses capacités, dans son aspect extérieur, dans son caractère, dans sa capacité de réflexion. La fierté que l'on retire de soi et de ses actions semble liée au sentiment de réussite et à la confiance en soi. Inversément, on sera honteux de soi si on a de soi l'image de quelqu'un de colérique et d'incapable.

L'image venant d'autrui est fortement liée aux deux milieux de vie éducatifs : la famille et l'école. Il est essentiel de bien voir que cette image de soi vient de l'opinion que les parents et les enseignants ont portée sur l'individu tout au long de son enfance et de son adolescence. L'image que ses parents et ses professeurs ont eue durant des années s'avère cohérente aux yeux du jeune.

L'accord entre l'avis des parents et des enseignants est complet. Ainsi, il y a eu action renforçante simultanée pour bien ancrer cette image de soi. La sympathie et la fierté vont de pair avec la valorisation. Ainsi, c'est un effort commun des parents et des enseignants qui va donner au jeune le sentiment d'être quelqu'un de « bien » ou quelqu'un de « mal ».

Quoi qu'il fasse, il va garder au fond de lui-même cette image en provenance d'autrui, cette image reflétée par les autres.

Si cette image est positive, on peut supposer que le fardeau ne sera pas trop lourd à porter. Par contre, si l'image est négative, il sera bien difficile de se forger une image propre positive.

L'influence de ces deux dimensions de l'image de soi sur l'adoption de conduites déviantes chez les jeunes de notre population est précisée par l'analyse de corrélations. Seule l'image négative de soi en provenance d'autrui a une corrélation significative avec le score de déviance (r = 32).

Ce n'est donc pas du tout une image de soi générale et indifférenciée qui pourrait protéger de la délinquance comme le suggère Reckless (1956) mais plutôt une image de soi positive fondée sur le jugement d'autrui.

Cette constatation est très importante car elle étaie les théories du labeling qui voient une des sources possibles de délinquance dans l'intériorisation par l'individu d'un jugement négatif. *Quand on sait que les parents et surtout les enseignants jouent un rôle déterminant dans la construction de cette image de soi, on ne peut qu'insister à nouveau sur le rôle préventif de l'école et sur l'importance de certains volets de la vie familiale.*

Chapitre 7
L'engagement des jeunes à l'égard des valeurs

1. QUELLES VALEURS?

En référence avec les théories de l'apprentissage social, dans l'ensemble des motivations d'un individu, une place spéciale doit être faite aux valeurs qu'il considère comme essentielles dans sa vie même s'il ne va pas toujours mettre son comportement en rapport avec les valeurs qu'il a (Debuyst, 1973).

Parmi les valeurs qui sont les plus véhiculées par notre société, les plus fréquentes sont certainement l'argent et la consommation de biens.

Il allait de soi dans une étude portant sur la délinquance et donc aussi sur l'appropriation illicite de biens que l'on demande si l'argent est important ou non.

Un second type de valeurs très répandu est la valeur du travail. Le travail est souvent considéré comme le meilleur moyen d'occuper son existence en plus des bénéfices financiers et statutaires qu'il procure.

L'engagement (l'involvement) dans une profession et dans les études fait que l'individu évite de se rendre coupable d'actes délictueux qui entraveraient sa progression. Pour cette raison, il est essentiel d'en tenir compte.

La religion est certainement une des valeurs susceptibles de modeler le comportement, même si notre société s'est fortement laïcisée depuis quelques décennies et même si la manière dont l'individu se conforme aux normes édictées par la religion n'est jamais totale. Il reste vrai que l'appartenance à une religion qui édicte comme «mal» tout ce qui est jugé comme délictueux dans notre société peut être un frein au passage à l'acte.

Les jeunes interrogés à ce sujet manifestent clairement où sont leurs valeurs.

Quelle importance accordes-tu à :

	Très important	Plus ou moins important	Peu important	Pas important	Total
L'argent	57,8 %	5,8 %	34,9 %	1,6 %	100 %
Avoir des choses (moto, stéréo, disques...)	59,3 %	18,6 %	45,7 %	3,1 %	100 %
T'amuser	59,3 %	4,3 %	35,7 %	0,8 %	100 %
Ton avenir scolaire ou professionnel	64,3 %	30,2 %	2,7 %	2,7 %	100 %
La religion	9,3 %	23,6 %	20,2 %	46,9 %	100 %
Tes idées, tes principes	51,6 %	9,3 %	37,2 %	1,9 %	100 %

A ces questions, nous avons ajouté celles qui concernent davantage les liens qui peuvent être eux aussi par leur présence des freins ou par leur absence des facilitateurs pour les conduites déviantes. Il s'agit des valeurs directement liées à l'environnement puisqu'elles traduisent l'investissement du jeune par rapport aux groupes d'appartenance et de référence.

Quelle importance accordes-tu à :

	Très important	Plus ou moins important	Peu important	Pas important	Total
L'estime de tes parents	65,9 %	4,7 %	27,1 %	2,3 %	100 %
L'opinion des gens de ton quartier	10,9 %	23,6 %	16,7 %	48,8 %	100 %
L'estime de tes copains	57,8 %	5.8 %	34,9 %	1,6 %	100 %

Le simple examen de ces tableaux de fréquence montre que les jeunes valorisent d'une manière similaire les deux pôles relationnels de leur existence quotidienne : les parents et les copains. A 17-18 ans, la valorisation de l'estime des parents reste une caractéristique majoritaire.

Par rapport à ces différents éléments qui peuvent constituer la constellation des valeurs des jeunes, on peut considérer que plusieurs de celles-ci dépendent en fait d'un même facteur sous-jacent.

Pour cette raison, nous avons une fois encore réalisé une analyse factorielle en composante principale suivie d'une rotation varimax qui dégage trois facteurs rendant compte de 51,2 % de la variance.

Les trois dimensions sous-jacentes sont clairement :
- la réalisation de soi,
- les biens et l'argent,
- le conformisme social.

Cette organisation des variables selon ces trois dimensions éclaire bien la manière dont les jeunes se situent par rapport aux valeurs. Cette analyse rejoint les constatations faites par les enseignants et par les sociologues. Les valeurs telles que l'avenir professionnel ou le respect des parents qui semblaient être des valeurs universellement admises il y a quelques décennies sont nettement moins marquées actuellement car elles se confondent davantage avec d'autres valorisations plus individuelles.

On dit que les jeunes sont plus égoïstes, qu'ils pensent à leur satisfaction, à s'amuser. A cela, les jeunes répondent qu'ils ne cherchent pas simplement à s'amuser mais qu'ils veulent «se sentir bien». C'est cette valeur plus individuelle qui est mise en évidence dans le premier facteur.

Le premier facteur: réalisation de soi

L'estime de tes copains	.69
Tes idées, tes principes	.57
L'estime de tes parents	.56
T'amuser	.48
Ton avenir scolaire ou professionnel	.48

Le deuxième facteur met en évidence une dimension de valorisation des biens matériels puisque non seulement l'argent et la consommation de biens vont de pair mais en plus, excluent l'importance des idées et des principes. Les jeunes qui seraient donc très imprégnés de ce facteur seraient «matérialistes» ou inversément seraient «idéalistes» (s'ils accordent de l'importance aux principes, ils n'en accordent pas à l'argent).

Le deuxième facteur: les biens matériels

Avoir des choses (moto, stéréo,...)	.80
L'argent	.73
Tes idées, tes principes	-.42

Enfin, le troisième facteur peut être intitulé «conformisme social»: l'opinion des gens du quartier vient quasiment au même niveau de saturation que la religion.

Le troisième facteur: le conformisme social

La religion	.72
L'opinion des gens de ton quartier	.72
L'estime de tes parents	.44
T'amuser	-.39

Cette configuration des items nous fait penser que bien sûr la religion est déterminante dans ce facteur mais qu'elle l'est surtout en raison du halo social (quartier et éducation familiale: l'estime de tes parents) qu'elle véhicule. Le caractère antihédoniste de cette dimension apparaît dans la saturation négative qu'obtient l'item «t'amuser».

2. CE QUE LES PARENTS VALORISENT

Après avoir analysé la cohérence interne des valeurs que le jeune formule pour lui-même, il faut se poser une question plus fondamentale dans la perspective de l'étude de l'individu dans l'environnement. Les valeurs énoncées comme importantes ou non importantes par les jeunes de notre échantillon sont-elles en rapport avec les valeurs de leurs parents?

Si nous trouvons des corrélations négatives, cela signifiera que, à 17-18 ans, le jeune s'oppose à la vie familiale et donc aux valeurs qui ont été inculquées volontairement ou involontairement par les parents. La crise d'adolescence contesterait radicalement toutes les valeurs proposées par les parents.

Si, par contre, nous observons des corrélations positives, cela pourra s'expliquer par le fait que l'âge de 17-18 ans correspond déjà à une phase ultérieure à la crise de l'adolescence. Dans ce cas, les jeunes auraient déjà trouvé une certaine manière personnelle de penser; ils ne seraient plus simplement en opposition avec leurs parents ou avec les adultes.

Si enfin, il n'y a pas de corrélation c'est que l'effet de l'éducation (au sens large) parentale n'aura guère eu d'importance sur l'apprentissage des valeurs.

Avant de donner les corrélations les plus significatives, il faut insister sur le fait que l'évaluation des valeurs des parents n'a pas été réalisée par les parents mais bien par le jeune à qui on a demandé si ces différentes «valeurs» étaient importantes pour ses parents.

Il peut évidemment y avoir là une distorsion puisque le jeune peut percevoir ou attribuer à ses parents des valeurs que ceux-ci ne reconnaîtraient pas pour eux-mêmes.

A nos yeux, il ne s'agit nullement d'un désavantage puisque c'est la perception du jeune interrogé qui est intéressante comme déterminant de son propre comportement. On pourrait effectuer une étude complémentaire qui examinerait les corrélations entre la perception des enfants et l'énoncé par les parents à propos des valeurs; toutefois, une telle démarche sort de notre propos.

De manière à décrire comment nos jeunes perçoivent leurs parents, nous devons examiner le tableau suivant qui montre que l'argent est perçu comme très important. Ceci devrait permettre aux philosophes et aux sociologues de se poser des questions sur les mécanismes qui conduisent à une telle prédominance d'une valeur qui ne peut être considérée que comme valeur entre guillemets.

Ainsi, l'image que les jeunes retiennent de leurs parents est une image de personnes qui valorisent l'argent et le travail, mais ne valorisent guère l'amusement. On peut supposer que cette image est inspirée largement par la perception du comportement des parents et du temps consacré à ces valeurs plutôt que par les discours des parents sur ces sujets. L'influence de ces valorisations sur le comportement de l'enfant est certainement assez forte.

Importance accordée par les parents:

à l'argent	21,7 %	Beaucoup d'importance
	65,5 %	Plus ou moins d'importance
	11,6 %	Un peu d'importance
	1,2 %	Pas du tout d'importance

à avoir un bien-être matériel (auto, stéréo, meubles,...)

	28,3 %	Beaucoup d'importance
	50 %	Plus ou moins d'importance
	17,4 %	Un peu d'importance
	4,3 %	Pas du tout d'importance

à vivre selon des principes (faire du bien, rendre service...)

	47,7 %	Beaucoup d'importance
	38,4 %	Plus ou moins d'importance
	12 %	Un peu d'importance
	1,9 %	Pas du tout d'importance

à s'amuser	14,7 %	Beaucoup d'importance
	42,2 %	Plus ou moins d'importance
	32,2 %	Un peu d'importance
	10,9 %	Pas du tout d'importance
à la religion	24,8 %	Beaucoup d'importance
	24,4 %	Plus ou moins d'importance
	22,9 %	Un peu d'importance
	27,9 %	Pas du tout d'importance
au travail	81,8 %	Beaucoup d'importance
	16,7 %	Plus ou moins d'importance
	1,2 %	Un peu d'importance
	0,4 %	Pas du tout d'importance

Afin de voir l'impact de ces valeurs sur les jeunes nous avons observé que les principales corrélations significatives entre les valeurs énoncées par les jeunes et celles attribuées à leurs parents sont les suivantes :

Par rapport à l'argent (r = .28; très significatif) les jeunes disent lui accorder de l'importance s'ils pensent que leurs parents lui en accordent. La relation ici est évidente. Il y a également corrélation entre le fait qu'ils pensent que leurs parents accordent de l'importance à l'argent et qu'ils disent eux-mêmes accorder de l'importance à posséder des objets (r = .16). Cette similitude de valorisation est observée pour les différentes variables ayant un contenu «matérialiste»: lorsque les parents sont évalués comme accordant beaucoup d'importance au bien-être matériel, le jeune a tendance à valoriser lui-même davantage l'argent (r = .19) et la possession d'objets (r = .15).

Dans le domaine non-matériel, si les parents sont considérés comme vivant selon des principes, la corrélation est de .15 avec le fait que le jeune dit accorder de l'importance à ses idées et de .18 avec l'importance qu'il donne à la religion.

Si les jeunes pensent que leurs parents trouvent la religion très importante, ils valorisent eux-mêmes beaucoup la religion (.49), leur avenir scolaire (.14) et l'estime de leurs parents (.11).

Enfin, si les parents accordent de l'importance au travail, aucune corrélation significative n'est trouvée avec les valeurs énoncées par les jeunes; ce qui signifierait que le sens éducatif de cette valeur parentale est purement aléatoire.

Pour les autres valeurs, la transmission directe semble donc bien établie même si elle n'est réellement forte que pour la religion. L'effet de halo d'une valeur sur les autres n'est guère marqué; cependant, on note que l'importance accordée à l'avenir scolaire ou professionnel est liée à la fois à la religion et à l'amusement; toutefois, on peut se demander si l'une et l'autre ne peuvent pas traduire une certaine disponibilité d'esprit à l'égard de l'enfant.

3. LES VALEURS VEHICULEES PAR LES AMIS

Le contraste est saisissant entre d'une part les faibles corrélations des valeurs des jeunes avec celles attribuées à leurs parents et d'autre part les corrélations importantes qui existent entre les valeurs des pairs et leurs valeurs propres (Born et Gavray, 1982). Ceci illustre le dicton «qui se ressemble s'assemble». Exprimé dans un langage moins populaire, il s'agit du phénomène de l'association différentielle qui fait que les groupes de pairs partagent les mêmes valeurs.

La théorie de l'association différentielle présentée par Sutherland et Cressey pour la délinquance pourra être vérifiée lorsque l'on mettra en relation cet ensemble de variables et les mesures de la délinquance; toutefois, à ce niveau-ci, on peut déjà confirmer la tendance des jeunes à partager leurs valeurs avec leurs pairs. La formation de sous-groupes en fonction du niveau socioculturel et des intérêts est connue, il semble en outre qu'il y ait, dans la fréquentation d'autrui, la nécessité d'être sur la « même longueur d'onde » aussi pour les valeurs. En tout cas, l'attribution à autrui de ses propres valeurs est un élément de sécurisation et de renforcement du Moi.

L'importance accordée par les pairs à l'argent est corrélée à .45 avec l'importance que le sujet accorde lui-même à l'argent. Elle est légèrement corrélée inversément à l'importance des idées (-.15).

La corrélation entre la valeur que les pairs attribuent au bien-être matériel et l'importance que le sujet accorde à l'argent est de .42 et aux objets est de .44.

Si les copains ont des principes et cherchent à vivre selon des grandes idées, le sujet aura tendance à valoriser également de grandes idées (.23) et la religion (.32) ainsi que l'avenir scolaire et professionnel (.24).

De nombreuses corrélations sont donc observées autour de cette variable mesurant l'attribution de l'importance aux principes chez les pairs. On peut en conclure que ce type d'association marque le style propre de l'individu dans plusieurs domaines de son existence.

L'importance que les pairs accordent à l'amusement est seulement corrélée avec l'importance que le sujet lui-même accorde à l'amusement (.42) et inversément à la religion (-.13). Ici aussi se trouve confirmée la tonalité anti-hédoniste de la religion.

Lorsque ce sont les copains qui accordent de l'importance à la religion, la corrélation avec la valeur que les jeunes interrogés donnent à la religion est extrêmement forte, elle atteint .67. Les autres corrélations manifestent que cette association avec des jeunes pour qui la religion est importante a un effet de halo sur les autres valeurs: l'estime des parents (.20) et l'avenir scolaire ou professionnel (.23).

Enfin, la fréquentation de copains accordant de l'importance à leur avenir scolaire et professionnel confirme certainement le jeune dans sa propre détermination (.32) et est également reliée à l'estime des parents (.10), à l'opinion des gens du quartier (.15) et à la religion (.20).

L'examen des corrélations qui existent entre les valeurs attribuées aux copains et les valeurs propres de l'individu nous a permis de remarquer que cette relation était nettement plus forte qu'avec les valeurs attribuées aux parents.

On peut comprendre qu'en matière de délinquance, ces formes de liens peuvent avoir une influence considérable. Du point de vue théorique, aussi bien les théories de l'anomie que les théories culturalistes mettent en évidence la nécessité de partager, au sein de la société ou au sein du sous-groupe, les mêmes valeurs.

4. VALEURS D'APPARTENANCE ET VALEURS DE REFERENCE

Nous venons de voir que les valeurs des jeunes sont plus ou moins en concordance avec les valeurs qu'ils attribuent à leurs parents ou à leurs amis. On peut donc analyser comment le mécanisme de l'attribution joue par rapport au groupe d'appartenance ici représenté par les parents et vis-à-vis du groupe des amis qui souvent est considéré comme le prototype du groupe de référence.

Plusieurs questions se posent: ce groupe d'amis est-il bien empiriquement un groupe de référence pour nos sujets? Est-ce que, à 17-18 ans, les pairs confortent les valeurs? Est-ce que les parents ne sont que les constituants du groupe d'appartenance ou bien jouent-ils aussi le rôle de groupe de référence?

En plus des éléments de réponses qui figurent déjà dans le paragraphe précédent et dans le rapport «Le Jeune liégeois, son présent, son avenir» (Born et Gavray, 1982), nous avons choisi une méthode multivariée d'analyse qui conduit à une interprétation plus exigeante des corrélations et qui peut réaliser à ce point de vue la synthèse entre caractéristique de l'individu et caractéristique de son environnement.

Ainsi, lorsque nous effectuons l'analyse sur tous les items qui décrivent les valeurs des sujets, celles des parents et celles des copains, nous pouvons dégager trois facteurs (qui expliquent 42 % de la variance).

Cette analyse factorielle nous permet de voir en quoi les valeurs des jeunes varient avec celles de leurs parents d'une part, et celles des copains d'autre part.

Afin de clarifier au mieux l'interprétation des facteurs, une rotation des axes factoriels a été opérée.

Il est intéressant de noter d'abord que les matrices factorielles avant et après rotation sont quasi identiques, montrant donc que l'interprétation est simplement rendue plus aisée par la rotation sans que cette rotation ait été vraiment nécessaire. L'interprétation des facteurs est très utile pour saisir l'individu dans son milieu.

a. Les valeurs qui varient le plus nettement ensemble vont, de ce fait, composer le *premier facteur*, c'est-à-dire la première dimension latente qui unifie ces différentes valeurs. Cette première valeur est la religion. Si donc les jeunes expriment que la religion est importante pour eux, ils expriment également que la religion est importante pour leurs pairs et aussi pour leurs parents.

Il n'y a ici aucune opposition entre groupe d'appartenance et groupe de référence; ils sont donc unis dans cette importance accordée à la religion. Cette valorisation s'accompagne d'une valorisation de l'opinion des gens du quartier, de l'estime des parents et de l'avenir scolaire et professionnel chez le sujet lui-même. Les pairs seront vus comme accordant de l'importance à vivre selon de grandes idées et des principes tels que la paix, le service ou la justice et aussi, comme accordant de l'importance à leur avenir professionnel.

La concordance entre les valeurs des jeunes et de leurs copains est donc très nette en cette matière où la conformité sociale se marque dans la valorisation professionnelle et la religion. Dans cette similitude, on trouve aussi l'importance que les pairs accordent aux idées; alors qu'on ne trouve pas l'importance accordée par le sujet lui-même à ces mêmes idées.

La parenté des valeurs s'organise donc davantage autour de la religion que d'autres idéologies ou contenus laïcs. Toutefois, le fait que l'on attribue aux amis de tels principes montre qu'il y a une parenté entre les deux notions, surtout, lorsqu'il s'agit de l'attribuer au groupe des pairs.

Cette même parenté se remarque vis-à-vis des parents à qui on attribue d'autant plus facilement un attachement à des principes religieux si l'on est soi-même sensible à ces principes. Tout cela semble conduire le jeune à porter de l'estime à ses parents.

Les principales saturations des variables sur ce facteur sont les suivantes:

- Les copains accordent de l'importance à la religion .80

- Le jeune accorde de l'importance à la religion .77
- Les parents accordent de l'importance à la religion .60
- Les copains accordent de l'importance à vivre selon des principes .57
- Les copains accordent de l'importance à l'avenir scolaire ou professionnel .43
- Le jeune accorde de l'importance à l'opinion des gens du quartier .43

De l'ensemble de ce facteur ressort donc une impression de force et d'attachement réciproque entre parents, jeunes et groupes de pairs, grâce à une communauté de vue sur la valorisation de biens non-matériels et une parenté de vue sur l'avenir. Rien d'étonnant que l'amusement ne soit pas valorisé ni par le sujet ni par ses pairs.

La complexité apparente de ce facteur ne doit pas masquer son caractère très logique puisqu'il démontre une tendance à l'homogénéisation du groupe de référence et du groupe d'appartenance lorsqu'il s'agit des valeurs religieuses et philosophiques.

b. La *deuxième* manière dont les valeurs du sujet, de ses parents et de ses pairs peuvent s'organiser est centrée autour *des biens matériels*.

Beaucoup moins complexe et moins riche que la première dimension, la force de cohésion entre parents, pairs et individus n'est pas moindre sur ce facteur: si l'individu accorde de l'importance à l'argent et à l'achat d'objets, il attribue clairement les mêmes valorisations à ses copains et à ses parents.

Bien entendu, c'est l'attribution au groupe des pairs qui est plus forte que l'attribution aux parents. Il serait abusif de dire qu'il s'agit d'une transmission des parents aux enfants puisque rien ne permet une inférence causale dans cette étude du phénomène d'attribution.

Les variables essentielles présentent les saturations suivantes:
- Les copains accordent de l'importance au bien-être matériel .75
- Le jeune accorde de l'importance à l'argent .72
- Les copains accordent de l'importance à l'argent .72
- Le jeune accorde de l'importance à avoir des choses .67
- Les parents accordent de l'importance à l'argent .42

L'absence sur cet axe factoriel d'autres variables que celles qui relèvent du bien-être matériel et le caractère orthogonal de l'analyse tendent à montrer que cette homogénéité des valorisations des biens matériels est indépendante de ce qui figure sur le premier facteur à savoir la valorisation des biens non-matériels.

Il n'y a donc pas corrélation inverse comme on aurait pu s'y attendre au vu de la pensée de ceux qui disent que la valorisation de biens matériels s'oppose à la valorisation de biens spirituels. Cette analyse semble montrer qu'il s'agit en fait de deux domaines indépendants.

Dans une analyse sur les valeurs individuelles nous avons décrit comment pour un même individu, par rapport à lui-même, sans référence à autrui, les valeurs matérielles sont également indépendantes des valeurs immatérielles. Cette analyse-ci confirme que dans le mécanisme d'attribution il en va de même.

On peut donc légitimement penser que l'intériorisation par l'individu des valeurs qui lui sont proposées par ses parents et par la société pourra être totalement différente si elle concerne des biens matériels ou des biens non-matériels. Les parents et les éducateurs peuvent donc, consciemment ou inconsciemment, transmettre ou non des valeurs différentes voire même opposées dans ces deux domaines.

Quel que soit celui des deux domaines qui est envisagé, la ressemblance entre parents et enfants est importante et montre que même si les enfants se distinguent de leurs parents quant au contenu ou à l'intensité de la valorisation, c'est tout de même ce que les parents ont vécu (enregistré ici sous forme d'attribution) qui est le principe structurant des valeurs vécues par les enfants et est donc une «référence» même si cette référence conduit à des divergences.

L'abandon par les jeunes de 17-18 ans des valeurs de leurs parents telles qu'il a été démontré par la chute systématique des pourcentages de valorisation présentés dans le paragraphe précédent (et in Born et Gavray, 1982) ne signifie donc pas que les parents auraient perdu leur rôle de «référent» mais bien que la référence ne se fait plus par simple prise d'identité.

Le groupe de référence le plus net est bien entendu le groupe des pairs; cette analyse confirme les travaux qui portent sur ce sujet.

Par rapport à la problématique de la délinquance, on peut poser comme hypothèse que la parenté entre les valeurs du sujet et celles de ses pairs repose soit sur l'influence du milieu à l'égard de l'individu, soit sur le choix par le sujet d'un milieu qui a les mêmes valeurs que les siennes.

L'analyse factorielle réalisée ici permet de disposer d'indicateurs qui rendront possible l'examen des théories criminologiques qui font appel à ces mécanismes.

En outre, ce que cette analyse factorielle montre, c'est qu'il ne suffit pas de parler de valeurs en général, ni de certaines valeurs en particulier mais plutôt de grands ensembles de valeurs. Ceci permettra certainement de distinguer, si elles existent, des sous-cultures tournées vers les biens matériels ou non et des sous-cultures centrées sur des biens non-matériels ou non.

c. L'opposition, ou plutôt la différence entre ces deux premiers facteurs ayant été ainsi soulignée, nous pouvons maintenant présenter la *troisième dimension latente* autour de laquelle peuvent s'organiser les valeurs attribuées par le sujet à lui-même, ses parents et ses amis.

Cette dimension est présentée en négatif car c'est ainsi qu'elle apparaît dans la matrice factorielle; cependant, elle contient comme les autres facteurs son volet opposé, à savoir l'aspect positif. Cette dimension comporte des caractéristiques individuelles marquantes : n'accorder de l'importance ni à l'amusement, ni à ses idées, ni à son avenir scolaire ou professionnel, ni à l'estime de ses copains, ni à l'estime de ses parents.

De plus, ces non-valorisations accompagnent le fait d'attribuer à ses parents une non-valorisation de l'amusement et aussi le fait d'attribuer à ses pairs également une non-valorisation de l'amusement mais aussi une non-valorisation de leur avenir.

Vu sous la polarisation positive, ce qu'il y a de commun entre ces variables semble être avant tout la relation qui existe entre la valorisation de l'amusement aussi bien par les amis que par les parents et par le sujet lui-même.

Les saturations suivantes sont observées :
- L'individu n'accorde pas d'importance à s'amuser .56
- L'individu n'accorde pas d'importance à l'estime des copains .55
- L'individu n'accorde pas d'importance à des idées .45
- Les parents n'accordent pas d'importance à s'amuser .42

On retrouve donc la même homogénéité que pour les deux autres facteurs; toutefois, plutôt qu'une sorte d'épicurisme qui serait caché sous cette notion d'amusement, la configuration générale des items semble indiquer que c'est plutôt en tant qu'élan vital qu'il faudrait comprendre cette dimension.

En effet, à l'amusement, le sujet associe les projets d'avenir, les grandes idées, l'estime des copains et l'estime des parents. De même, les copains valorisent leur avenir scolaire ou professionnel: ils sont donc, eux aussi, impliqués dans un processus actif.

La formulation négative du facteur montre aussi que l'absence de cet élan vital et de cette valorisation du plaisir est associée à une absence de ces caractéristiques aussi bien chez les parents que chez les amis.

De plus, cette analyse montre que ce mécanisme de l'association différentielle est bien visible au travers du mécanisme de l'attribution. Ainsi, trois grands domaines d'association des valeurs sont décrits: les valeurs non-matérielles, les valeurs matérielles et les valeurs de l'élan vital. Manifestement, une opposition entre groupe de référence et groupe d'appartenance ne peut être faite puisque le groupe des parents reste un référent puissant dans chacun des trois domaines mis en évidence par l'analyse.

Grâce aux indicateurs constitués sur base de cette analyse factorielle, nous pourrons déterminer si ces parentés observées entre les valorisations des jeunes et celles de leurs parents ont une incidence sur l'adoption de conduites déviantes.

L'analyse révèle que seule la valorisation du conformisme social a une corrélation avec la délinquance; cette corrélation est très forte (.53).

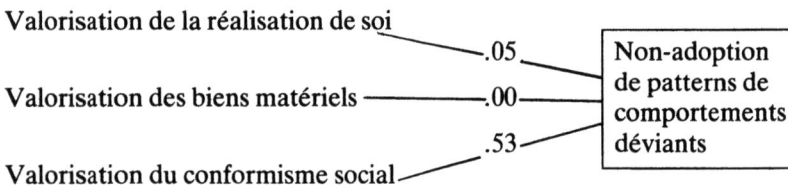

La force particulière de la corrélation qui unit la non-adoption de comportements problématiques et l'importance accordée à des valeurs telles que la religion, l'estime des parents et l'opinion des gens du quartier, montre bien que dans le domaine de la marginalité il y a une large correspondance entre actes et opinions. Ceux qui commettent des actes déviants ont, à l'égard des valeurs sociales, une distance bien plus grande. Ils pensent comme ils agissent ou ils agissent comme ils pensent. Inversement, ceux qui valorisent les éléments de la vie sociale vont éviter de commettre des actes qui les mettraient en désaccord avec leurs pensées.

Chapitre 8
La déviance expliquée par le milieu choisi

Au long de notre démarche, nous avons cherché à cerner et à opérationnaliser les structures individuelles internes (l'image de soi, la perspective temporelle, le lieu de contrôle, les valeurs) et externes (la classe sociale, le quartier, l'école, la famille et le groupe de pairs) susceptibles de favoriser l'adoption de patterns de comportements socialement problématiques.

Notre mesure de l'adoption de conduites déviantes est établie à partir de l'échelle de délinquance révélée. Dans notre démarche théorique nous avons commencé par insister sur la différence entre la délinquance officiellement connue et la délinquance réellement commise. Ensuite, pour l'opérationnalisation proposée dans le questionnaire, nous avons introduit la notion de déviance. Les analyses ont montré que, d'un point de vue comportemental, la déviance et la délinquance renvoient à une même dimension. Rien ne nous empêche donc de considérer qu'entre l'adoption de conduites délinquantes et l'adoption de conduites socialement déviantes il n'y a, au regard de la psychologie, qu'une différence de degré.

Par le terme de déviance nous envisageons une déviation du comportement par rapport aux normes généralement admises par les membres d'une société. La déviance n'est donc pas seulement une déviance statistique. En effet, à 17-18 ans, certains comportements non-admis socialement sont tellement fréquents qu'ils sont statistiquement normaux. Mais lorsque ces comportements se répètent souvent et qu'ils s'ajoutent à d'autres comportements aussi peu admis, ils s'inscrivent dans une logique de déviance sociale qui peut se prolonger en délinquance.

Grâce à cette manière d'envisager la déviance et grâce à la mesure qui a été établie, nous pouvons parler de la déviance comme d'un pattern de comportement qui a une cohérence théorique et empirique. Cette étape franchie, nous pouvons chercher quelles sont les structures psychologiques ou environnementales qui accompagnent l'adoption d'un pattern comportemental socialement déviant.

A l'exception des recherches qui portent sur la réussite scolaire, peu de tentatives ont été faites en psychologie pour dégager empiriquement, à un niveau aussi global, les correspondances de structures entre l'adoption de patterns de comportements et des composantes sociales et psychiques.

Ainsi, les différents mécanismes du Moi qui, d'après la théorie, sont susceptibles d'intervenir dans la compréhension de l'adoption de patterns de comportements déviants, ont été analysés séparément pour que nous puissions comprendre leur structure interne. Nous examinerons maintenant en quoi ils peuvent favoriser ou défavoriser l'adoption de ces ensembles comportementaux socialement problématiques.

Nous devrons bien entendu en premier lieu tenir compte dans nos analyses du rôle joué par l'appartenance à un quartier, à une classe sociale et aux éléments scolaires qui ont un statut évident d'antériorité.

Le schéma suivant indique quels seront les ensembles de variables qui seront mis successivement à l'épreuve par l'analyse de régression multiple.

Nous chercherons à voir progressivement quels sont les différents aspects du Moi et des interactions avec l'environnement qui présentent dans notre population des structures communes avec l'adoption de comportements problématiques.

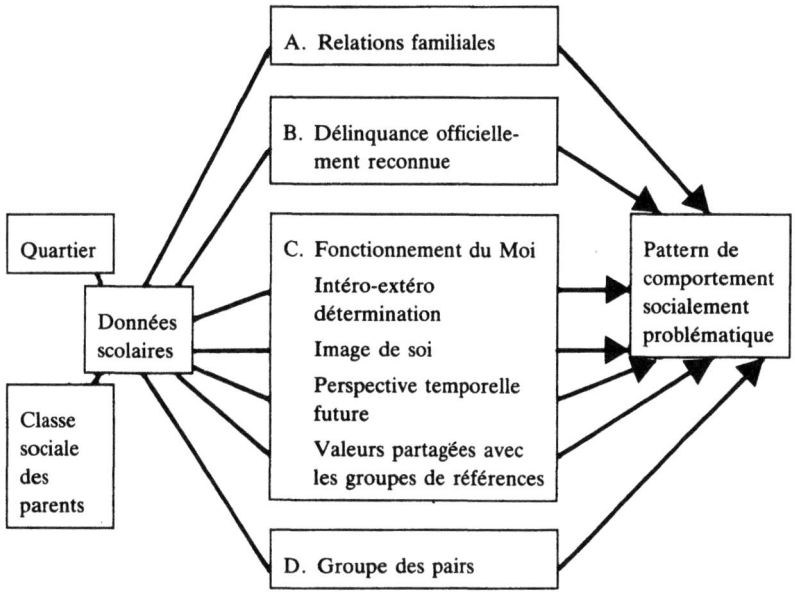

1. LA DELINQUANCE N'EST PAS EXPLIQUEE PAR LE MILIEU IMPOSE

Le quartier dans lequel le jeune vit est un milieu choisi par les parents et non par lui-même (la quasi-totalité des jeunes interrogés habitent chez leurs parents). Les caractéristiques sociales du quartier sont donc imposées au sujet et constituent les sources potentielles d'influence comme le serait un «bain de culture». On sait que le choix d'un quartier par une famille ne se fait pas au hasard mais qu'il est largement déterminé par les ressources de la famille et sa mobilité sociale.

Le quartier constitue donc une source d'influence environnementale au même titre que l'appartenance sociale de la famille qui est, elle aussi, un état imposé au jeune.

A. Caractéristiques sociales des quartiers

Nous avons consacré beaucoup d'efforts à la création de variables pertinentes quant à la mesure des caractéristiques sociales des quartiers habités par nos sujets.

Nous avons attribué à chaque sujet des scores correspondant à des caractéristiques sociologiques des quartiers où ils résident.

Nous allons examiner les relations entre la déviance auto-révélée et ces caractéristiques sociales des quartiers d'appartenance.

L'importance théorique de ces relations réside dans le fait que la «strain theory», les théories culturalistes et les théories de l'apprentissage social supposent une influence du quartier sur l'adoption de comportements déviants. Nous avons ici la possibilité de tester cette hypothèse.

Les caractéristiques des quartiers sont les premières variables à entrer dans une analyse de régression car elles sont totalement indépendantes de l'individu à la fois par essence et par construction.

Les corrélations entre le score composite de déviance auto-révélée et les scores attribués à chaque sujet en relation avec son quartier d'appartenance sont les suivantes :

Classe sociale et bien-être	-.04	
Dynamisme et structure	.09	Score de
Homogénéité	-.01	déviance
Immigration	-.04	auto-révélée
Participation au monde du travail	.03	

L'absence de corrélation significative montre que, par notre procédure, nous ne sommes pas arrivés à faire apparaître une liaison entre des caractéristiques sociologiques des quartiers et la déviance auto-révélée. Dans notre démarche théorique, nous ne pouvons donc plus utiliser cette hypothèse puisqu'elle se révèle infirmée par l'analyse empirique.

Pour ce qui est de la caractérisation des quartiers d'après leur criminalité, nous avons également observé les corrélations existant au niveau individuel. Le coefficient de corrélation entre l'adoption par les jeunes de comportements déviants et l'appartenance à des quartiers à taux élevé de criminalité est de .035. Le caractère totalement non-significatif de ce coefficient de corrélation nous oblige à le négliger dans l'interprétation finale de nos résultats.

Si des relations entre ces attributs des quartiers et l'adoption de conduites déviantes avaient été constatées, nous aurions alors confirmé l'hypothèse d'une influence réelle des facteurs environnementaux de ce type sociologique sur des patterns comportementaux. L'examen des coefficients de corrélation et de l'analyse de régression montre qu'aucun effet significatif ne peut être accordé à ces variables dans l'explication de l'adoption de patterns de comportements déviants.

Cette constatation peut être interprétée comme une absence réelle d'influence des caractéristiques sociales du quartier sur le comportement déviant. Ceci est en contradiction flagrante avec toutes les analyses réalisées par les «écologistes» en criminologie à la suite de Shaw et McKay.

Il est vrai que les écologistes ont toujours procédé à des corrélations entre délinquance officielle et caractéristiques du quartier et, aussi, que leurs analyses portaient sur des données agrégées.

Ainsi donc, nous mettons ici bien en évidence la différence fondamentale qui existe entre une corrélation portant sur des unités d'analyses sociologiques et une corrélation portant sur des données ayant des individus comme unité d'analyse.

La portée de cette constatation est considérable car elle démontre le danger d'inférer à un niveau individuel à partir de données agrégées.

En second lieu, cette constatation prouve qu'en matière de déviance des jeunes ce n'est pas dans les caractéristiques sociales des quartiers qu'on peut trouver des incitations quant au passage à l'acte. Les théories faisant appel par exemple à l'état d'anomie de certains quartiers sont à rejeter sur base de nos données.

Ainsi, on ne peut pas penser qu'un jeune aurait davantage tendance à commettre des actes répréhensibles s'il habite dans un quartier homogène ou hétérogène du point de vue des catégories sociales, ou encore s'il habite dans un quartier peuplé surtout d'immigrés...

Si le jeune adopte des conduites déviantes, ce n'est pas parce que le quartier a une *structure* sociale favorisant de tels apprentissages. Ceci n'implique pas que le quartier ne puisse pas être le lieu de rencontre avec des modèles déviants ou le lieu de réalisation de certains apprentissages.

B. Appartenance sociale de la famille

Le second ensemble de caractéristiques de milieu imposé est l'appartenance de la famille à une strate sociale particulière.

Parmi les différents indicateurs de l'appartenance sociale que nous avons construits, nous pouvons retenir principalement le niveau de prestige de la profession du père et celui de la mère qui sont d'excellents indicateurs de la position socio-économique de la famille : ces indicateurs sont construits à partir de la dénomination de la profession qui fut transformée en prestige social.

De manière à tester la relation entre le dénuement général existant dans les familles se situant tout au bas de l'échelle sociale et la marginalisation éventuelle de leurs membres, nous avons gardé un indicateur de pauvreté (un cumul des désavantages multiples recensés dans cette famille).

Nous disposons également d'indicateurs ordinaux concernant la nationalité du père et de la mère.

Ainsi donc, nous disposons de plusieurs indicateurs solides quant à l'appartenance de nos jeunes à des milieux sociaux hiérarchisés le long de la stratification sociale qui sont :

1. le prestige professionnel du père et de la mère, indicateur du niveau socio-économique de la famille du jeune,
2. un indicateur composite des déprivations de la famille : indicateur de «pauvreté»,
3. les indicateurs de la participation différentielle au mode de vie, fonction de l'appartenance à une nationalité.

Comme nous l'avons vu, beaucoup d'hypothèses portant sur la délinquance officielle ont envisagé l'existence de relations entre classe sociale et délinquance, tandis que les recherches portant sur la délinquance auto-révélée n'ont, pour la plupart, pas mis en évidence de telles relations.

De même que l'hypothèse d'une influence des caractéristiques sociales du quartier sur la déviance, cette hypothèse précède toutes les autres. Nous allons donc voir en quoi cette appartenance sociale familiale est en relation avec l'échelle des comportements déviants.

Les corrélations observées entre l'échelle de déviance auto-révélée et les trois variables indicatrices de statut social familial sont les suivantes :

Prestige professionnel Père	.07	
Prestige professionnel Mère	.10	Déviance
Pauvreté	-.03	auto-révélée
Pays d'origine du père	-.05	
Pays d'origine de la mère	.11	

Les corrélations manifestent une liaison plus forte de la déviance avec les indicateurs de position sociale de la mère qu'avec ceux du père.

Toutefois, la relation, si elle existe, est plutôt inverse à celle attendue par hypothèse. Nous constatons une tendance à la déviance légèrement plus forte dans les classes plus favorisées. L'analyse montre toutefois que l'apport de ces variables à l'explication de la déviance auto-révélée est nettement non-significatif.

Ainsi donc, nous rejoignons les auteurs qui disent que la déviance n'est pas liée à la classe sociale ni à la nationalité mais que c'est au contraire un phénomène qui touche tous les jeunes; même ceux de « bonnes familles ».

Toute théorie faisant appel à une corrélation entre classe sociale et passage à l'acte déviant est donc contestable sur base de ces données. Manifestement, l'adoption de conduites déviantes chez les jeunes de 17-18 ans n'est liée ni à leur nationalité, ni à la catégorie sociale d'appartenance des parents, ni même à un état de privation dans les conditions d'existence familiale.

La « strain theory » qui repose sur l'hypothèse d'une tension plus grande dans les couches les plus défavorisées de la population est donc ici infirmée.

Afin de mettre à l'épreuve l'hypothèse d'un effet cumulatif de l'appartenance à un quartier et de l'appartenance de la famille à une catégorie sociale, nous avons réalisé une analyse de régression en forçant les différentes variables successivement dans l'analyse. Malgré cette procédure qui cumule des effets non-significatifs on n'arrive qu'à une explication de 2 % de la variance de l'adoption de comportements déviants.

Voici donc le tableau récapitulatif de cette analyse de régression en étapes.

Ensemble	N° de la variable		R multiple	R2	Accroissement du R2
1. Caractéristiques sociales du quartier	1.1.2	Dynamisme et structure d'âge	.0988	.0090	.009
	1.1.5	Participation au travail	.1094	.0120	.002
	1.1.4	Immigration	.1186	.0141	.001
	1.1.1	Bien-être et classe sociale	.1239	.0154	.001
	1.1.3	Homogénéité	.1249	.0154	.000
2. Appartenance sociale de la famille	1.2.1	Prestige profession du père	.1438	.0207	.005
	1.2.2	Niveau de pauvreté	.1438	.0207	.000

2. L'ECOLE COMME FACTEUR DE DELINQUANCE

Nous devons encore prendre en considération un deuxième groupe de facteurs susceptibles d'intervenir dans l'explication de l'adoption de comportements délinquants: la part de socialisation qui trouve son origine dans le milieu scolaire.

L'école peut être considérée soit comme milieu imposé, soit comme milieu choisi car le vécu scolaire est à la fois déterminé par les caractéristiques familiales du jeune et par sa participation personnelle.

La manière dont un jeune peut vivre sa scolarité va faciliter sa socialisation. S'il s'adapte bien à l'école, aux enseignants et aux matières enseignées, il va probablement renforcer son insertion dans la société et en accepter les normes.

Nous avons donc examiné dans quelle mesure les différents indicateurs de carrière scolaire peuvent être en rapport avec la déviance.

Au vu de l'analyse factorielle réalisée sur les variables scolaires, *nous avons pu retenir quelques variables les plus liées aux deux facteurs; c'est-à-dire des variables indicatrices des performances scolaires qui sont surtout influencées par le donné familial et d'autres, indicatrices de l'adaptation scolaire, c'est-à-dire le vécu personnel.*

Les corrélations de ces indicateurs avec la variable dépendante montrent que les niveaux d'études achevés ou inachevés n'ont aucune corrélation significative avec le critère (.04). Le niveau de performance verbal a une corrélation de .13.

Par contre, les indicateurs de l'adaptation réciproque école-élève, manifestent des corrélations plus élevées. *Ainsi, l'évaluation des notes scolaires est corrélée à .21 avec l'adoption de conduites déviantes; tandis que le nombre de changement d'école est corrélé à .14.*

Si l'on effectue une régression multiple de la déviance auto-révélée sur ces différentes variables, nous voyons que seules les deux variables d'adaptation ont un F suffisant pour entrer en régression. Le pouvoir explicatif de ces deux variables n'est pas négligeable, non seulement par la portion de variance expliquée mais surtout par le caractère d'antériorité de ces variables.

	R simple	R mult.	R2	Aug. du R2
1. Evaluation par le jeune de ses notes scolaires	.21	.2133	.045	.04
2. Nombre de changement d'école	.14	.2622	.068	.02

Ces deux variables permettent donc de comprendre un peu moins de 7 % de la variance de la déviance auto-révélée. Quoique n'étant pas très important, ce pourcentage représente une force certaine en raison du statut particulier des variables qui en font partie. En effet, il s'agit bien d'informations concernant l'ensemble de la carrière scolaire des jeunes. *Ainsi, selon qu'ils ont eu une bonne ou une mauvaise adaptation à l'école et selon la stabilité ou l'instabilité de leur insertion dans une ou quelques écoles, les jeunes vont avoir une plus ou moins grande propension à présenter des patterns de comportements déviants.*

Le caractère antérieur des réalités auxquelles ces variables renvoient donne un poids supplémentaire à l'interprétation même s'il n'y a pas d'antériorité réelle dans la prise d'information (puisque nous sommes dans une enquête strictement transversale et qu'on ne peut donc pas prouver que le changement d'école est effectivement antérieur aux conduites inadéquates).

Il faut donc insister sur le rôle préventif que peut jouer l'école puisque l'élève sera d'autant moins porté à adopter des comportements déviants qu'il réussit mieux dans son cursus scolaire et qu'il n'est pas obligé de changer d'école[1].

On pourrait penser que les facteurs de mobilité ou d'instabilité géographique de la famille entrent en ligne de compte pour expliquer l'inadéquation de l'école et de l'enfant. Nous avons vérifié que ce n'est pas le cas puisque le nombre de changements d'adresse de la famille n'a qu'une corrélation bivariée faible avec l'échelle de déviance auto-révélée.

Lorsqu'on a pris en considération l'adaptation scolaire et le changement d'école, les autres variables scolaires introduites dans l'analyse de régression gardent des corrélations partielles sensiblement hautes. Ainsi, le rendement verbal (mesuré grâce à l'épreuve de similitude de mots) garde une corrélation partielle extrêmement stable de .12 avec le critère: cette corrélation n'est pas négligeable et pourrait encore contribuer significativement à la prédiction.

Par contre, le fait que le jeune soit toujours aux études ou qu'il ait arrêté ses études avant 17 ans ne contribue pas à améliorer la prédiction.

Ce n'est pas tant la réussite complète des études ni même le fait de passer de classe, ni même le fait d'entamer des études supérieures qui s'avèrent être les signes d'une bonne adaptation sociale. *Ce qui protégerait de la déviance ce serait plutôt la manière dont s'effectue l'adaptation quasi «relationnelle» à l'école.*

On serait tenté de dire à la suite de Hirschi que c'est l'attachement à l'école qui est déterminant et non pas la réussite scolaire. L'école est ici à prendre dans le sens de l'entité scolaire avec ce que cela comporte de personnes, de bâtiments, de situation géographique, d'ambiance,...

Nous verrons ultérieurement si les professeurs qui, dans ces écoles, ont été en contact avec les jeunes, ont pu laisser en eux des traces favorables ou défavorables quant à l'adoption des conduites déviantes.

---

[1] Les raisons des changements peuvent être diverses: soit parce que l'école ne convient pas au jeune, soit parce que sa famille fait preuve d'une grande mobilité,...

Etant donné la force d'antériorité de cet ensemble de variables nous devrons toujours en tenir compte dans les analyses ultérieures qui feront appel à des données psychiques dont l'antériorité par rapport aux critères n'est pas aussi clairement établie.

3. ADOPTION DE CONDUITES DEVIANTES ET RELATIONS FAMILIALES

Si l'on veut examiner les correspondances de structure entre la déviance et les relations familiales, on ne peut l'intégrer dans une analyse de régression qu'après avoir tenu compte des variables exogènes et antérieures. Ainsi, les variables familiales sont introduites après les variables scolaires. Nous avons donc réalisé une analyse de régression multiple en introduisant, par étapes, d'abord les variables scolaires (en leur donnant la préséance dans le processus d'introduction) et ensuite les variables familiales. (Les variables de quartiers et d'appartenance sociale qui auraient dû être introduites en premier lieu doivent, en fait, être négligées en raison de la faiblesse de leur corrélation avec le critère).

Les variables scolaires apportent, dès le départ, les 6 % d'explication de variance que nous avons déjà relevés lors de l'examen du rapport entre carrière scolaire et délinquance. De plus, en interaction avec les variables familiales, elles contribuent encore davantage à la compréhension de l'apparition des conduites déviantes. Ainsi, dans ce contexte, ce sont les performances scolaires qui prennent de l'importance et non plus simplement le rapport de l'élève avec son école. Ceci est démontré par l'apparition dans l'équation de régression du «niveau d'étude achevée» et du «score de rendement verbal». Ces deux variables ne jouent qu'à la condition que le mode de relation à la famille ait été pris en compte.

Les différentes étapes de l'entrée des variables ayant trait à la *relation parent-enfant dans l'équation de régression, montrent de manière très nette l'influence de la surveillance exercée par les parents sur l'adoption de conduites déviantes.*

	R multiple	R2	Accroissement du R2
Données scolaires			
- bonnes notes	.2133	.0455	.0455
- nombre de changement	.2622	.0688	.0233
Parents			
- évaluation de la conduite	.4772	.2277	.1589
- surveillance des relations	.5627	.3167	.0974
Données scolaires			
- niveau d'études achevées	.5727	.3280	.0113
- niveau de rendement verbal	.5845	.3416	.0137
Parents			
- *évaluation de l'obéissance*	*.5963*	*.3556*	*.0140*

L'ensemble de ces données scolaires et familiales contribuent donc à une « explication » de près de 36 % de la variance. Il y a là, manifestement, une correspondance très importante de la structure des jeunes qui présentent des conduites déviantes et des situations scolaires et familiales caractérisées d'abord par un « contact » médiocre avec l'école, et ensuite par une famille qui surveille peu les relations du jeune.

De plus, l'évaluation portée par les parents sur la conduite et sur l'obéissance de leur enfant semble bien correspondre à une réalité: les parents qui évaluent négativement leurs enfants ont des chances de ne pas se tromper. En fait, il est plus juste de dire que les jeunes ayant les comportements les plus déviants ont également le plus l'impression qu'ils sont jugés négativement par leurs parents.

Si on ne peut pas parler de causalité en raison des limitations méthodologiques, on peut tout de même penser qu'il y là un *mécanisme probablement circulaire de labellisation sous forme d'évaluation négative et de renforcement du comportement négatif sous l'influence consécutive de la perte du contact avec les parents.*

Il faut remarquer que les variables familiales intervenant dans cette analyse sont toutes issues du facteur « contrôle » et du facteur « évaluation » qui furent isolés lors de l'analyse; les variables de la dimension «affection verbalisée» ne sont pas pertinentes pour la compréhension de la production de conduites déviantes. *L'affection ou le manque d'affection ne sont donc nullement liés à la déviance.* Comme tel, le manque d'affection ne peut plus être considéré comme une cause possible au vu des résultats de cette analyse.

4. LES CONTACTS DE L'INDIVIDU AVEC LES INSTANCES JUDICIAIRES

Dans son interaction avec le milieu, le jeune peut être confronté avec les différentes instances du contrôle social et plus particulièrement avec la police et la gendarmerie.

Ce système de contrôle a pour but de réprimer l'adoption de conduites délinquantes mais certains prétendent qu'il a, au contraire, un pouvoir d'incitation par sa capacité d'étiquetage.

Nous pouvons mettre à l'épreuve cette hypothèse d'une relation entre l'adoption de conduites déviantes et l'officialisation de certains actes déviants. Cette officialisation transforme l'acte déviant en acte délinquant reconnu. En même temps, grâce à cette analyse, nous apportons une contribution à la problématique de la différence entre délinquance officielle et délinquance réelle.

Souvent, les instances judiciaires procurent aux chercheurs des données quantitatives agglomérées plutôt que de permettre l'accès aux dossiers nominatifs qui font, bien entendu, l'objet d'un secret professionnel très strict.

Ces deux raisons font que ce n'est que très rarement que des études ont pu mettre en relation, pour des individus précis issus d'une population tout venant, les données d'un questionnaire auto-révélé et leur score de délinquance officielle composé à partir des procès verbaux enregistrés par une instance de contrôle social.

Nous avons, pour notre part, obtenu l'autorisation de consulter les dossiers du Parquet de la Jeunesse pour y recueillir les informations nécessaires à l'élaboration d'une mesure de délinquance officielle pour chacun des 258 jeunes de notre échantillon.

C'est au Parquet, en effet, que sont centralisées les informations concernant la délinquance des jeunes, c'est-à-dire de tout acte délinquant qui aurait été porté à la connaissance des instances de contrôle judiciaire.

Nous avons consulté systématiquement le fichier afin de repérer quels jeunes étaient connus du Parquet et pour quels faits.

Plusieurs jeunes ont commis des délits d'une gravité certaine. Souvent, ils ont déjà parcouru diverses étapes dans le processus d'aggravation de la délinquance. En effet, les actes délinquants se succèdent et il existe une gradation dans l'importance des délits commis.

Dès lors, il a été possible de créer une variable synthétique ordinale de délinquance officielle.

Puisque nous pouvons dès lors effectuer une comparaison entre l'approche auto-révélée et l'approche officielle, nous avons examiné les corrélations existant entre la variable de délinquance officielle et la variable de déviance auto-révélée. Le coefficient de corrélation est de .13. Il n'est pas significatif.

Afin d'analyser plus en profondeur cette absence de relation entre les deux variables, nous avons catégorisé le score de déviance auto-révélée pour le mettre en rapport avec le fait d'être connu ou non au Parquet du Tribunal.

Déviance auto-révélée		Délinquance officiellement connue	
	Score	Pas de dossier au parquet %	Un dossier au parquet %
Quasi pas déviant	4 à max (27.13 %)	28.9	17.5
Peu déviant	0 à 4 (30.23 %)	31.19	25.0
Moyennement déviant	−3 à 3 (15.89 %)	15.14	20.0
Assez déviant	−7 à −3 (16.28 %)	14.68	25.0
Très déviant	max à −7 (10.47 %)	10.09	12.5
		100 %	100 %

Bien que la relation ne soit pas significative, on observe cependant une légère tendance pour les sujets fortement «déviants» à être davantage présents dans la population connue du Parquet. Ceci contribue à faire penser qu'effectivement le Parquet connaît des jeunes qui ont commis des délits. Le caractère non-significatif de cette constatation nous amène à dire que, même si le Parquet traite de problèmes de délinquance, la sélection de sa clientèle procède d'une autre logique que celle de la déviance auto-révélée.

Les jeunes qui font l'objet d'un procès-verbal qui aboutit au Parquet ne sont pas significativement plus délinquants que les autres. Parmi les jeunes ayant un dossier au Parquet, il y en a même 40 % qui peuvent être considérés comme ayant une délinquance moindre que la moyenne de leur âge. Inversement, parmi ceux qui ne sont pas connus du Parquet, on retrouve un pourcentage notable de jeunes dont la déviance auto-révélée est assez forte.

L'ensemble de cette description montre que la délinquance officielle et la déviance auto-révélée sont deux phénomènes distincts qui, à ce titre, méritent l'un et l'autre d'être étudiés indépendamment.

En effet, le tableau que nous venons de présenter met en évidence un pourcentage étonnant de délinquants cachés et, paradoxalement, de non-délinquants fichés au niveau du Parquet. Bien entendu, le trop petit nombre de cas connus au Parquet ne nous a pas permis de poursuivre l'analyse sur ceux dont le dossier a donné lieu à une mesure judiciaire.

L'hypothèse d'un effet de contact entre le système judiciaire et l'adoption de patterns de comportements déviants doit être écartée. A 17-18 ans, l'adoption de conduites déviantes est indépendante du fait d'être connu ou non du système judiciaire. A cet âge, la production de comportements déviants et la production d'une réaction sociale sont des phénomènes qui apparaissent comme non liés entre eux. Le système judiciaire n'est pas un environnement pertinent pour le jeune.

5. LE VECU PSYCHOLOGIQUE COMME SOURCE DE LA DELINQUANCE

A. L'intéro-extéro-détermination comme facteur de déviance

Selon notre modèle qui cherche à comprendre l'apport des mécanismes psychiques dans l'adoption par les jeunes de patterns de comportements déviants, nous examinerons tour à tour les différents aspects du Moi que nous avons isolés du point de vue théorique. Dans ce paragraphe nous examinerons l'apport du mécanisme d'attribution de la maîtrise.

En 1954, J.B. Rotter jeta les bases théoriques du concept d'internal-external locus of control et en 1966 il y apporta des compléments dans l'article intitulé «Generalized expectancies for internal versus external control of reinforcement». Il ouvrit ainsi un secteur de recherche qui produira un nombre considérable de travaux.

Ainsi, en 1971, un article bibliographique de W.F. Throop et A.P. Mac Donald recense 169 articles et livres publiés et 170 références pour des travaux non publiés; en 1975 Rotter lui-même dénombre plus de 600 publications et en 1979, une recherche par ordinateur au niveau des psychologicals abstracts de 1967 à 1979 dénombre 2.350 références ayant «locus of control» parmi leurs mots clés.

Sur les 339 articles mentionnés en 1971 par Throop et Mac Donald, 206 sont postérieurs à 1966. C'est en effet en 1966 qu'apparurent les articles qui lancèrent définitivement cette mode. A côté de l'article le plus célèbre de Rotter «Generalized expectancies for internal versus external control of reinforcement», se profilent dès l'origine les contributions de Lefcourt et de Phares qui tous deux publieront, la même année (1976), un ouvrage général sur la question. Phares, un collaborateur de la première heure de Rotter, a écrit son livre en accord de pensée avec Rotter. Par contre, Lefcourt semble avoir toujours travaillé en parallèle et a pris une orientation légèrement divergente.

Le concept de «locus of control» qui pourrait se traduire par «lieu de contrôle» désigne l'ensemble des recherches qui gravitent autour de la notion initiale et centrale de «contrôle interne ou externe du renforcement», qui fut lancée par J.B. Rotter.

La notion de lieu de contrôle se veut donc plus large que la notion de contrôle interne ou externe, pourtant cette dernière permet plus directement de comprendre de quoi il s'agit. Pour notre part nous avons choisi de traduire cette expression par *« intéro-extéro-détermination »*.

La psychologie expérimentale a défini le renforcement comme étant tout ce qui accroît la probabilité d'occurrence d'un comportement. Le comportement est donc directionnel (loi de l'effet), il est motivé soit positivement si l'individu cherche à l'atteindre, soit négativement si l'individu cherche à l'éviter. Le renforcement sera donc positif ou négatif (Richelle, 1966).

De plus l'occurrence du comportement est déterminée non seulement par la nature du renforcement mais par l'anticipation, l'attente que ce but va se réaliser. Les succès et les échecs du passé vont augmenter ou diminuer l'expectation.

Cette expectation peut être spécifique à une situation ou à une gamme de situations ou être générale pour un grand nombre de situations.

On aboutit ainsi à des expectations généralisées. En fait l'expectation dans une situation A est fonction des expectations spécifiques et des expectations généralisées à partir des situations antérieurement rencontrées.

Le lieu de contrôle est l'une de ces expectations généralisées et les individus vont donc, d'après leur histoire individuelle, être différents dans la mesure où ils attribuent des renforcements différents à leurs propres actions. Une telle croyance peut déterminer des choix de comportements dans de nombreux domaines.

L'intérêt des expectations généralisées est qu'elles permettent une prédiction du comportement, ceci bien sûr en n'oubliant pas qu'elles ne sont qu'un des déterminants et aussi en sachant que plus l'expectation observée est large, plus elle permettra des prédictions dans un large éventail de domaines mais à un niveau bas. Par contre, plus l'expectation généralisée est spécifique (exemple : attente de réussite en mathématique) meilleure sera la prédiction mais dans un domaine très spécifique (résultats aux examens de mathématique et pas de sciences).

Cette théorie de l'apprentissage social et la notion de contrôle interne ou externe du renforcement qui en découle ont été à l'origine surtout utilisées dans des situations expérimentales. Ainsi par exemple, l'expérimentateur dit à un groupe qu'il peut réaliser telle tâche ou éviter tel choc électrique s'il découvre la logique du renforcement. Par ailleurs, à un autre groupe, l'expérimentateur donne une tâche à réaliser en laissant croire (ou en disant explicitement au sujet) que de toute façon c'est la chance, l'appareil ou l'expérimentateur lui-même qui décident des renforcements. La plupart de ces expériences portent sur la capacité d'apprentissage qui se révèle le plus souvent supérieure dans les situations où le sujet a l'impression de pouvoir contrôler la situation.

A côté de ce champ d'investigation privilégié, des études hors laboratoire ont été réalisées pour savoir si la croyance en un contrôle interne ou externe ne serait pas une caractéristique plus générale.

Ainsi, Phares (1957) et Rotter (1966) développèrent des questionnaires permettant de classer les sujets en deux groupes : « les internes » et les « externes ».

L'instrument de base le plus souvent utilisé est celui de Rotter. Une traduction et une mise à l'épreuve de la formule française ont été réalisées par Demuysere (1977).

Le questionnaire original se présente sous la forme de 29 items à choix forcés. Le sujet a donc à choisir entre deux propositions contrastées, l'une traduisant une croyance en un contrôle interne, l'autre traduisant un contrôle externe.

Partant d'une échelle de 60 items, des corrélations entre les items et l'échelle de désirabilité sociale de Marlowe-Crowne ont permis de réduire le test à 23 items. A ceux-ci furent ajoutés 6 items étrangers au sujet dont la fonction est de rendre moins évident le but du test. Chaque item est significatif d'intéro ou d'extéro-détermination et le score total est la somme des choix externes.

Par ce score on établit une mesure de la croyance du sujet à propos de l'univers; c'est donc *une mesure de l'expectation généralisée.*

Dans notre questionnaire, nous avons intégré quarante questions portant sur la vie quotidienne. Pour chaque item, les jeunes devaient se prononcer quant à leur sentiment de maîtrise dans cette situation. Des indicateurs furent construits grâce à une analyse factorielle.

L'analyse de régression en étapes, après avoir intégré les deux variables scolaires (appréciation des bonnes notes et nombre de changement d'école), ne permet pas d'intégrer ces variables d'intéro-extéro-détermination car celles-ci n'apportent pas une contribution suffisante à la compréhension de la variance de la délinquance auto-révélée.

Nous devons donc en conclure que le sentiment de maîtrise de son existence, qu'il soit mesuré sous ses différentes facettes, ou envisagé comme un tout, ne peut pas être considéré comme apportant quoi que ce soit de plus que la carrière scolaire à « l'explication » des conduites déviantes. Est-ce que les différentes études citées qui mentionnent une relation ne se seraient pas entourées des garanties suffisantes pour tester l'hypothèse qu'elles prétendaient examiner ?

En effet, alors que beaucoup de domaines ont été examinés à de multiples reprises sous l'angle du lieu de contrôle, le domaine de la délinquance n'a pas reçu la même attention.

La relation entre le lieu de contrôle et la délinquance a été étudiée par rapport à des variables intermédiaires telles que, par exemple, la dépression chez les mineurs placés (Mayer, 1977) ou la gratification différée. Ainsi Erickson et Roberts (1971) ont pris comme population des adolescents en institution qui avaient la possibilité de suivre un enseignement hors de l'établissement tout en sachant que cela impliquerait un délai quant à leur «libération». Ils ont mis en évidence que ceux qui étaient le plus «interne» dans l'interprétation des raisons d'un changement de statut étaient plus nombreux parmi ceux qui acceptaient le délai que parmi les autres.

Phares remarque que la symétrie entre l'intéro-détermination et la capacité de différer les gratifications dans la poursuite de buts à long terme est confirmée par plusieurs recherches. Même les mesures de jugement temporel et de perspectives temporelles sont liées au lieu de contrôle. Pour lui, il est évident que la perception temporelle est importante dans la perception que l'homme a d'être un déterminant actif dans les directions de sa vie.

Ainsi, une analyse clinique de Melges et Weisz (1971) sur des personnes ayant fait une tentative «sérieuse» de suicide, montre que l'augmentation de l'idée de suicide va de pair avec une diminution du sentiment de contrôle interne et une moindre extension de la perspective temporelle dans le futur[2].

Pour les populations délinquantes, on doit encore noter les études de J.B. Keefe (PHD 1976) et M.B. Brown (Ed. D 1978) sur la relation entre le lieu de contrôle et self-concept chez des jeunes filles délinquantes.

Des délinquantes âgées de 13 à 17 ans furent comparées à des non-délinquantes de statut socio-économique et d'âge similaires; Keefe mit en évidence, par une analyse discriminante, que les délinquantes se sentent plus «impuissantes» dans la conduite de leur vie.

Brown quant à lui, également par analyse discriminante (ainsi que par analyse de la variance), montre que les filles délinquantes placées dans des maisons familiales ont un score d'externalité moindre et un score de niveau d'aspiration plus grand que les groupes placés dans des institutions. Par contre, aucune différence significative n'apparaît en ce qui concerne le self-concept.

---

[2] Cette relation entre la perspective temporelle future (FTP) et le lieu de contrôle a été confirmée par Platt et Eisenman (1968), Shybut (1968) et Schmidt, Lamm, Trommsdorff (1978): les «internes» ont bien une perspective temporelle future plus longue que les «externes».

Enfin, Cox et Luhrs (1979) ont classé 280 étudiants de l'enseignement secondaire, en deux groupes d'après leur «externalité» et leur «internalité», grâce au questionnaire de Rotter. Ils ont également administré à ces jeunes un questionnaire auto-révélé sur la consommation d'alcool et de drogues. Il s'est avéré qu'une proportion plus grande de ceux qui étaient classés comme «externes» buvaient davantage. Par contre, il n'y avait guère de différence pour le fait de fumer de la marijuana. En effet, les deux groupes comportent similairement un plus grand nombre de fumeurs de marijuana au fur et à mesure qu'on s'élève dans les classes d'âge. Les auteurs en concluent que l'adhésion aux normes du groupe des pairs n'est pas incompatible avec le caractère d'internalité du lieu de contrôle et donc, qu'il serait faux de penser que les jeunes plus intéro-déterminés s'attachent plus aux valeurs des parents comme on aurait tendance à le croire à priori. *C'est donc dans un effet interactif de l'intéro-extéro-détermination et de l'acceptation des valeurs de groupe qu'il faudrait chercher l'explication des comportements déviants.*

B. Image de soi et déviance

Nous avons vu au chapitre 6 que deux aspects de l'image de soi ont pu être isolés par l'analyse factorielle des variables concernant la perception que le sujet a de lui-même.

Les deux images de Soi — indépendantes par construction l'une de l'autre — ont été introduites dans l'analyse de régression multiple, en même temps que les données scolaires qui leur sont antérieures par définition.

L'analyse de régression en étape montre que l'image venant d'autrui apporte une contribution significative à la compréhension de la déviance auto-révélée.

	R multiple	R2	Accroissement du R2
Données scolaires			
- Bonnes notes	.2133	.0455	.0455
- Nombre de changements d'école	.2622	.0688	.0233
Image de soi = image *négative* de soi venant d'autrui	.3588	.1287	.0599

L'importance de l'image négative de soi est donc indéniable mais dans les analyses ultérieures elle sera masquée par l'influence plus forte d'autres facteurs avec lesquels elle interagit.

C. La perspective temporelle

Parmi les facteurs les plus actifs, dont le potentiel de détermination du comportement est le plus fort, il y a le « projet » individuel. Le présent vécu est polarisé vers le futur, proche ou lointain, qui fait vivre l'individu en avance sur lui-même.

Par projet personnel, on entend la direction que l'individu imprime à sa vie. L'aspect conscient n'est pas nécessairement présent alors qu'il est inclu lorsque l'on parle « des projets ». Ces projets personnels sont déterminés par la connaissance du passé et les leçons qu'on en tire ainsi que par l'évaluation du futur en fonction des valeurs auxquelles on accorde de l'importance. C'est ce que nous appellerons perspective d'avenir. *La perspective d'avenir est donc un aspect particulier de l'insertion dans le temps qui est elle-même une composante essentielle du projet individuel.* (Il ne faut pas oublier bien entendu les déterminismes sociaux qui eux aussi contribuent à faire de ce projet individuel une réalité).

Les principales études sur le temps se réfèrent aux travaux de P. Fraisse (1957). Il étudie les différentes manières dont l'homme s'adapte aux conditions temporelles de son existence.

L'homme réagit par:
1. le conditionnement au temps (réaction au niveau biologique et activités périodiques),
2. la perception du temps,
3. la maîtrise du temps.

L'homme peut donc utiliser le temps à son avantage (1957, 13), ne plus être soumis au temps et à l'irréversibilité de l'ordre vécu grâce à la mémoire. Il peut reconstituer la succession et donc anticiper. Le passé et l'avenir forment l'horizon temporel qui s'accompagne d'un sentiment (souvent un sentiment d'obstacle). L'avenir est une construction par rapport à la propre histoire du sujet, il n'est construit qu'en fonction d'une évaluation de ce qui est réalisable et d'un désir. Ainsi, les tentatives d'opérationnalisation de l'horizon temporel ont conduit Fraisse à distinguer (1957, 191):

1. la capacité de différer les satisfactions et de tolérer les frustrations,

2. l'orientation des perspectives temporelles (vers le passé, le présent et le futur),
3. la cohérence et la densité des perspectives futures.

Depuis l'époque où Fraisse a introduit ces distinctions, les recherches portant sur le temps en psychologie ont connu un essor considérable qui s'est fait dans trois grandes directions : la première comprend la perspective expérimentale et psychophysiologique sur l'animal (Richelle et Lejeune, 1980), et sur l'humain (F. Macar, 1980); la deuxième englobe la dimension génétique et suit les travaux de Piaget (Montangero, 1979); enfin la troisième, plus proche de nos préoccupations, porte sur les perspectives temporelles (Klineberg, 1967, Nuttin, 1980).

Notre but ici n'est pas de comprendre la genèse des perspectives temporelles futures, mais plutôt de mesurer leur impact sur le comportement. En effet, en prenant comme cible (variable dépendante) les niveaux de marginalité des individus, nous pouvons voir si ceux-ci sont influencés par cette capacité de se situer dans une perspective temporelle particulière.

Savoir si la faible capacité de se situer dans l'avenir favorise le comportement délinquant est une question fondamentale en matière de délinquance. Si nous ne trouvons pas de liaison entre les facteurs personnels que nous mesurons et le niveau de la délinquance, nous pourrons dire que la structure sociale temporelle qui sous-tend notre schéma ne laisse pas de traces individuelles dans sa relation avec l'intégration sociale.

Cet enjeu théorique s'accompagne d'un enjeu très pratique au niveau des programmes de prévention ou de traitement de la délinquance, puisque de nombreux auteurs ayant travaillé avec des délinquants estiment comme Capul (1969) qu'un des buts de la rééducation est d'aider l'enfant à se situer dans le temps en intégrant les leçons du passé dans la construction de son avenir.

Selon plusieurs études, la capacité de différer les satisfactions serait plus réduite chez les délinquants que chez les non-délinquants (R.V. Erikson, A.H. Roberts, 1971). Toutefois, comme il s'agit là d'une problématique très spécifique qui permet des expérimentations précises en laboratoire, nous ne l'avons pas envisagée dans le cadre de ce travail.

Lorsque l'on examine, dans un sens plus large, les perturbations de la perspective temporelle chez les délinquants, elles sont relevées par de nombreux auteurs : Mucchielli (1955) cite les troubles de l'horizon temporel et l'absence d'intérêt pour le futur. Redl et Wineman (1964) montrent la déficience de l'insertion dans le temps, la confiance dans le temps subjectif et l'absence d'une conception réaliste de soi-même projetée dans le futur.

Dans une étude précédente, nous avons également montré comment les T.A.T. d'adolescents délinquants tenaient moins compte de la temporalité que ceux de non-délinquants (Born, 1970). Des constatations similaires ont déjà été faites par Davis et Parenti (1958) lorsqu'ils demandent à des enfants de 9 à 13 ans de terminer une histoire et qu'ils mettent en rapport la stabilité des relations amicales et l'orientation temporelle.

Toutefois, Davis, Kidder et Reich (1962) dans une autre étude effectuée auprès d'adolescents de 15-16 ans, à qui ils demandaient de compléter des histoires, ne constatent pas de différences entre adolescents délinquants et non-délinquants au point de vue de l'orientation temporelle.

Ils constatent que: «*dans les classes moyennes, des parents anxieux, arrivent à forcer à un âge plus jeune une vue plus sobre et plus réaliste du futur (avant que le niveau intellectuel et personnel de l'adolescent soit atteint).*»

La perception réaliste demande une capacité intellectuelle qui ne serait pas atteinte avant 11-12 ans.

Des théoriciens de la personnalité (Erikson, par exemple) disent que c'est à l'adolescence que le problème de la définition de soi ou de l'identité de soi devient critique. C'est à ce moment que s'établit une continuité entre l'enfance et ses promesses d'avenir.

Klineberg mesure l'état de «malajustement» et le degré d'orientation dans le futur d'un échantillon de 40 enfants dont certains viennent d'institutions (malajusted children) et d'autres d'une école ordinaire (normal children) ainsi que de 43 adolescents (21 venant d'institutions et 22 non-institutionnalisés). Il demande:

1. de raconter des histoires aux planches 1 et 14 du T.A.T.: quel temps s'est écoulé entre chaque action: il s'agit d'une mesure de «*l'action time span*»,

2. de décrire 10 choses dont il a parlé durant la semaine dernière et de déterminer l'époque à laquelle cela se réfère. Cela permet de calculer *la prédominance passé, présent* ou *avenir*,

3. de donner une liste d'événements susceptibles d'arriver au sujet et l'âge probable: il s'agit d'une mesure de *la densité spontanée et extension*,

4. de dire à propos de 14 événements futurs l'âge auquel ils surviendront: c'est une évaluation de la «*constrained extension*»,
5. de décrire la nature temporelle de la discipline parentale,
6. d'arranger dans l'ordre les 14 événements (donnés en 4) afin d'évaluer *la cohérence.*

Klineberg (1967) traite du changement de perspective sur le futur entre l'enfance et l'adolescence: dans l'enfance, le futur permet des projections de réalisation de désir et à l'adolescence les contraintes réalistes se font plus fortes. Il donne donc une illustration de ce que Fraisse a dit: «*il n'y a pas de futur sans en même temps le désir et la possibilité de le réaliser*».

Plus un enfant se sent malheureux, plus il peut s'échapper dans le rêve du futur. A l'adolescence, un changement survient qui fait que le futur n'est plus le lieu de la réalisation fantasmatique de désirs.

Trois processus peuvent expliquer ce changement à l'adolescence:
1. de nouvelles attentes de rôle,
2. l'acquisition d'opérations formelles,
3. la formation d'une identité du Moi positive.

Par la comparaison des différents groupes, Klineberg confirme son hypothèse que les jeunes enfants «malajustés» ont une orientation future plus longue et plus positive que les enfants normaux, surtout au T.A.T. et à la «constrained extension».

Il constate que chez l'adolescent, les meilleurs élèves ont une meilleure orientation future. Au-dessus de 14 ans 1/2, les adolescents malajustés ont une plus courte «span of time» au T.A.T.

Les différents travaux dont il a été fait mention montrent à suffisance la nécessité de disposer d'un schéma général pour une étude des perspectives temporelles.

Les auteurs qui ont étudié la «Futur Time Perspective» semblent offrir une voie qui est en train de se clarifier. Nous allons voir quelles sont les différentes dimensions qui sont proposées pour la définition et la mesure de la perspective temporelle future.

Dans ce courant, retenons spécialement Schmidt, Lamm et Tronsdorff (1978) qui présentent un bon exemple de l'utilisation des mesures de perspective temporelle future lorsqu'ils cherchent à percevoir l'influence de la classe sociale et du sexe comme déterminant de l'orientation future de l'individu. L'orientation future est considérée comme englobant la «Futur Time Perspective».

Pour envisager les divers aspects des perspectives temporelles, ils utilisent des mesures de structure et de la direction optimisme-pessimisme. Ces auteurs introduisent également une mesure de l'intéro-extéro-détermination. Pour eux, il faut allier à l'horizon temporel cette notion d'intéro-extéro-détermination développée par Rotter parce que l'homme doit évaluer les possibilités de réalisation de son avenir.

Cette évaluation dépend du sentiment que l'individu a de pouvoir influencer son futur. De plus, par rapport au phénomène total de maîtrise du temps qui inclut le passé, le présent et l'avenir, ce sentiment donne la dimension du contrôle ou du moins permet une première mesure de la «force» que l'individu met dans la gestion de son avenir.

Pour eux, les indicateurs de «structure» sont:

a) *la cohérence*: c'est-à-dire le fait, pour les individus qui énumèrent des événements futurs, d'établir une cohérence dans la succession temporelle logique de ces événements.

b) *la densité*: il s'agit du nombre total d'événements futurs envisagés en fonction d'une période de temps.

c) *l'extension*: c'est-à-dire la mesure de l'âge le plus élevé auquel on prévoit qu'un événement surviendra.

A côté des indicateurs de structure, les auteurs envisagent la dimension affective: *optimisme-pessimisme*. L'optimisme est considéré comme une différence positive entre l'évaluation du futur et l'évaluation du présent, tandis que le pessimisme est une différence négative.

A partir d'un questionnaire similaire que nous avons présenté aux jeunes de notre échantillon, une configuration des perspectives temporelles futures, a pu être dégagée grâce à l'analyse factorielle.

La perspective temporelle future se structure en plusieurs volets: trois dimensions essentielles en ce qui concerne les attentes, une seule dimension d'aspiration et une seule dimension synthétique qui correspondrait à la densité de ce que l'on envisage pour l'avenir. Ces différents aspects sont donc entrés en régression à la suite des données scolaires pour connaître leur contribution à l'explication de la délinquance.

	R multiple	R2	Accroissement du R2
Données scolaires - Bonnes notes - Nombre de changements d'école	.2133 .2622	.0455 .0688	.0455 .0233
Expectations - Optimisme conventionnel - Pessimisme affectif santé	.3529 .4114	.1246 .1692	.0558 .0447
Aspiration socio-professionnelle	.4366	.1906	.0214
Donnée scolaire - rendement verbal	.4511	.2035	.0129
Densité de perspective temporelle	.4729	.2236	.0201
Donnée scolaire : - redoublement de classe	.4862	.2363	.0127

Première remarque : lorsque les données de perspectives temporelles sont prises en compte, certains aspects de la carrière scolaire, tels que le redoublement et l'évaluation du rendement verbal, prennent une importance qu'ils n'auraient pas si les perspectives temporelles n'étaient pas considérées.

Pour ce qui est des perspectives temporelles futures, il est clair que la dimension de « pessimisme », tant en matière de vie quotidienne de type conventionnel qu'en matière affective et de santé, sont des éléments qui contribuent nettement à la compréhension de la déviance. Ces deux éléments, tout en étant indépendants l'un de l'autre, interviennent alors que le troisième élément des expectations (en matière socio-professionnelle) n'intervient pas. On peut donc penser qu'il y aurait dans l'optique de vie liée aux deux premiers aspects, une force de socialisation plus importante que dans les expectations socio-professionnelles.

Les aspirations dans le domaine socio-professionnel n'interviennent qu'ensuite et uniquement dans le sens d'*aspirations élevées favorisant la prise de conduites déviantes*. Ce n'est donc pas le fait d'avoir envie de devenir médecin, d'exercer une profession libérale ou d'être cadre dans une entreprise qui va protéger de la délinquance, au contraire.

C'est chez des élèves ayant relativement plus de difficultés d'adaptation scolaire que le maintien d'aspirations élevées constitue un problème.

Ce fait pourrait nous renvoyer aux théories de l'anomie qui expliquent la délinquance par la discordance entre les buts (élevés) et les moyens légaux pour les atteindre (faibles). Toutefois, ce sont les variables d'adaptation scolaire qui sont importantes, or ces variables ne sont pas des indicateurs de moyens mais des indicateurs d'attachement — fait qui nous renvoie plutôt à une théorie du contrôle.

C'est dans ces conditions que le faible rendement verbal, le nombre de projets d'avenir et le redoublement de classe prennent une importance pour la production de conduites socialement problématiques. En effet, un désengagement scolaire combiné à un affaiblissement des perspectives temporelles va se traduire par une perte de rendement qui va accentuer le désengagement et conduire plus probablement vers la déviance.

6. LE MILIEU CHOISI DES JEUNES SOCIALEMENT DEVIANTS

A. Les valeurs des groupes de références

Nous avons vu au chapitre 7 que l'individu accorde de l'importance à certains ensembles indissociables de valeurs: il y a trois grandes dimensions dans cette manière individuelle de concevoir ce qui est important: les valeurs de la réalisation de soi, les valeurs matérielles et les valeurs de conformisme social.

Malgré l'intérêt évident des corrélations entre ces variables et la délinquance, nous avons choisi de ne pas les utiliser telles quelles, parce que, selon notre approche théorique, la similitude observée par rapport aux groupes de référence (parents, copains) est plus importante même si la liaison statistique est légèrement moindre.

Nous avons donc aussi examiné les corrélations existant entre les trois dimensions du «rapport aux valeurs des groupes de référence» et notre critère.

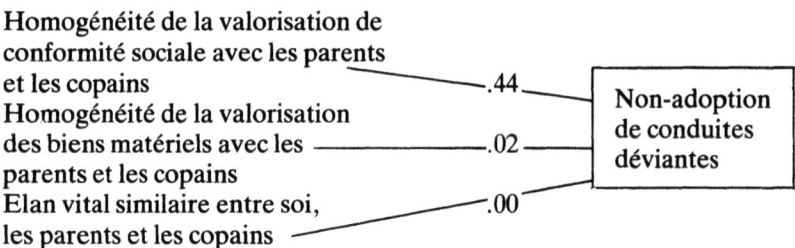

L'entrée en régression de ces variables à la suite des données concernant la vie scolaire montre que l'homogénéité de la valorisation du conformisme social ne perd rien de son pouvoir explicatif par rapport au critère.

	R multiple	R2	Accroissement du R2
Données scolaires - Bonnes notes - Nombre de changements d'école	.2133 .2622	.0455 .0688	.0455 .0233
Homogénéité de la valorisation du conformisme social	.5006	.2506	.1818

Ainsi donc il est important, pour la compréhension de l'adoption de conduites déviantes par les jeunes de 17-18 ans, de savoir que la correspondance de leurs valeurs avec celles de leurs parents et celles de leurs amis va contribuer à les protéger ou à favoriser le passage à l'acte. Le milieu choisi par le jeune va, semble-t-il, correspondre largement au milieu dont il est issu: les milieux fréquentés par les enfants seront similaires aux milieux fréquentés par les parents. *Toutefois, par rapport à l'adoption de conduites déviantes, la valorisation des biens matériels et le fait d'accorder ou non de l'importance à l'amusement ne sont pas pertinents.* C'est la manière de se situer par rapport à des valeurs plus fondamentales comme la religion ou les idées philosophiques qui est essentielle.

Cette proximité des valeurs entre le jeune et ses parents ainsi qu'entre le jeune et ses amis montre toute l'importance de l'aspect que nous allons examiner maintenant; à savoir la relation au groupe des pairs.

B. Adoption de comportements déviants en fonction du milieu choisi et de l'ensemble de l'interaction entre soi et le milieu.

Pour compléter l'analyse, nous étudierons l'apport des variables concernant les relations avec le groupe des pairs qui constituent à proprement parlé le milieu choisi.

Par leur statut, ces variables ne peuvent entrer dans l'analyse de régression qu'après les autres. En effet, le milieu choisi traduit par définition un choix comportemental. On ne choisit pas ses amis par hasard, il y a une logique relationnelle liée à la correspondance des valeurs et aussi à la similitude des comportements. Les variables qui ont été choisies, suite à l'analyse des correspondances, comme les plus révélatrices de ce milieu choisi, sont en fait des variables de comportements (le choix a été opéré) et non plus des variables de représentation telles que celles qui ont été examinées jusqu'à présent. Il faut donc bien considérer la description du milieu choisi comme un donné proximal par rapport aux comportements critériels.

L'analyse de régression par étape dans laquelle les variables du milieu choisi seront introduites à la suite des autres aboutit à l'analyse de régression complète qui nous permet de comprendre, grâce aux variables disponibles, la plus grande part de la variance de l'adoption de comportements déviants par les jeunes de notre échantillon.

Avant de considérer cet ensemble, examinons brièvement les corrélations qui existent entre les variables du milieu choisi et la variable critère.

Pour la dimension «lieu de fréquentation» (issue de l'analyse des correspondances) on observe principalement une corrélation négative de $-.18$ entre la déviance et la rencontre des amis chez soi. Il s'agirait donc d'une protection contre la déviance qui serait assurée par la situation particulière du domicile. Ce lieu de rencontre serait généralement contrôlé par les parents et se prêterait mal à l'élaboration d'actes déviants. Ceux qui reçoivent des amis à leur domicile traduisent par là une propension à la non-déviance.

Par contre, *la corrélation de .31 avec la fréquentation des amis dans les cafés montre bien que les cafés constituent un milieu à risques.*

Parmi les variables positionnées sur le deuxième axe de l'analyse des correspondances (c'est-à-dire la dimension de caractérisation sociale des amis) on observe une corrélation de $-.18$ avec le niveau financier comparé des amis. Ceci correspond donc à une probabilité plus grande d'adoption de comportements déviants s'il n'y a pas de symétrie entre amis du point de vue socio-économique. *La fréquentation d'amis plus riches ou plus pauvres serait un élément favorisant l'adoption de patterns de comportements déviants.*

Par contre, c'est la ressemblance avec les amis qui serait propice à la déviance lorsque l'on prend en considération les contacts que ces amis ont eus avec la police. Une corrélation de .44 est enregistrée.

Manifestement, le risque de passage à l'acte déviant est fortement accru par la fréquentation de jeunes ayant eu une déviance sanctionnée officiellement.

Ainsi donc, au terme de cette analyse, nous pouvons voir si la fréquentation d'amis ayant une déviance officiellement reconnue apporte une explication supplémentaire à l'adoption de conduites déviantes lorsque tous les autres aspects sociaux et psychologiques ont été pris en compte.

L'analyse de régression multiple en étape a été réalisée en donnant un ordre d'entrée aux variables en fonction de leur succession théorique. (Le critère de signification pour utiliser une variable était un F de .3). Les variables de délinquance officielle, de quartier et d'appartenance sociale ont été négligées, puisqu'elles n'avaient pas une signification suffisante. Les données de l'école sont introduites en premier lieu; viennent ensuite les variables familiales, ensuite les variables relevant du fonctionnement du Moi et enfin les variables du milieu choisi.

Cette analyse permet de constater l'accroissement de la variance expliquée qui atteint le niveau de 51 %. Ce pourcentage est nettement plus élevé que ceux signalés dans les études antérieures portant sur la délinquance et sur la déviance (Jonhson, 1970).

Comprendre 50 % de la variance de l'adoption de patterns de comportements socialement déviants, permet de concevoir des politiques de prévention et d'envisager avec une certaine confiance des réflexions sur ces comportements.

Bloc	Variables	R mult.	R2	Accroissement du R2
Ecole	Evaluation des bonnes notes scolaires	.2133	.0455	.0455
	Nombre de changements d'école	.2622	.0688	.0233
Parents	Evaluation de la conduite générale	.4772	.2277	.1589
	Surveillance des relations	.5649	.3191	.0914
	Evaluation de l'obéissance	.5809	.3375	.0184
Mécanismes du Moi	Homogénéité des valeurs conventionnelles avec parents et amis	.6341	.4021	.0647
	Niveau d'aspiration	.6463	.4177	.0155
	Expectation d'un avenir conventionnel	.6531	.4266	.0089
	Expectation en matière d'affection, de santé	.6567	.4312	.0047
Milieu choisi	Ennuis des amis avec la police	.6776	.4592	.0280
	Visite des amis à son domicile	.6915	.4781	.0190
	Fréquentation des amis dans les cafés	.6989	.4885	.0103
	Niveau socio-économique comparé des amis	.7161	.5129	.0244

De la lecture de ce tableau, on peut conclure que *l'adoption par les jeunes de patterns de comportements déviants est fortement liée à leurs positionnements successifs dans l'environnement et à leur vécu de cette relation à l'environnement.*

Manifestement, l'école et la famille portent en elles une construction progressive d'une image de soi *et surtout un établissement de liens tels qu'ils vont protéger le jeune de la déviance.*

Si la famille et l'école échouent dans cette fonction, une fragilité de la conformité sociale en sera la conséquence. C'est à ce moment qu'interviendront tous les mécanismes de construction de l'idéologie *en rapport avec les groupes d'appartenance et de référence ainsi que les mécanismes de* construction des perspectives temporelles futures. *Les jeunes qui maintiennent des expectations positives dans les domaines affectifs et sociaux se protègent de la déviance. Si, en outre,* le jeune se forge des valeurs qui fournissent une raison à la conformité sociale, il pourra maintenir l'ensemble de son comportement dans les normes socialement acceptables.

Ces mécanismes adaptatifs du Moi préparent clairement le choix des amis : ceux-ci vont être conformes à ce que le jeune attend d'eux. *Les amis vont être choisis en fonction de ce qu'ils valorisent et de leur manière habituelle de réagir.* Le groupe des pairs va renforcer les tendances existantes, soit vers la conformité, soit vers la déviance.

Le cheminement progressif de certains jeunes vers l'adoption de conduites socialement déviantes se trouve ainsi esquissé. Tout jeune, tout individu, pose un certain nombre d'actes non-conformes aux règles sociales mais l'adoption de multiples comportements déviants ne devient systématique que chez un petit nombre. Ce sont les effets cumulatifs des éléments décrits ci-dessus qui permettent de comprendre en partie ce qui distingue les uns des autres.

›
Chapitre 9
Conclusion :
La spirale de la déviance

Au terme de cette étude, nous voyons nettement apparaître l'importance de l'interaction entre l'individu et ses environnements dans le processus d'adoption de patterns de comportements déviants. Des processus circulaires entre la personne, son milieu choisi et l'adoption de valeurs se manifestent. Le comportement prépare l'idéologie [1] qui elle-même prépare le comportement.

Sur base de comportements et d'idéologies déviantes qui existent au moins à l'état minimal chez tout individu, des successions de choix de valeurs, de comportements et de milieux vont s'opérer.

La personne qui possède certaines valeurs et qui veut les protéger ou les développer va être amenée à choisir des milieux qui faciliteront l'éclosion des comportements en rapport avec ces valeurs. La personne qui pose des actes en accord avec le milieu choisi va être amenée à développer les valeurs sous-tendues par ces comportements et le milieu choisi.

Il apparaît donc que les comportements déviants ou non-déviants sont sous la dépendance des choix de milieux et des choix de valeurs.

Aussi bien la déviance que la conformité s'expliqueraient donc en grande partie par les renforcements issus du milieu et par l'intériorisation des valeurs du milieu social. Le sujet se met en accord avec ses

---

[1] L'idéologie est entendue ici dans le sens de l'ensemble des idées qui sont valorisées par le sujet (les valeurs).

milieux et il choisit des milieux en accord avec ses comportements et ses idéologies.

L'adoption progressive de patterns de comportements déviants correspond donc à une stabilisation progressive des choix de milieux et des choix de valeurs.

Cette stabilisation semble pouvoir être située à l'issue de la crise des valeurs qui survient durant l'adolescence. La famille, milieu imposé, communiquerait durant l'enfance ses propres valeurs. La remise en cause de ces valeurs va conduire le jeune à remettre également en cause ses comportements sociaux. Le processus progressif de choix de milieux de pairs, le brassage des idées et des comportements que cela implique, va conduire le jeune soit vers une déviance de plus en plus marquée, soit vers une conformité davantage assumée. Dans ce cas, la famille, de milieu imposé, devient milieu-choisi et perpétue la valorisation de la conformité.

En cas de rupture avec les valeurs familiales, le milieu des pairs peut devenir un milieu de valorisation concurrent du milieu familial. Selon que les comportements et les valeurs en usage dans ce groupe des pairs sont socialement conformes ou socialement déviants, le processus d'adoption progressive des comportements va prendre l'une ou l'autre direction. La concordance des structures de valeurs de conformité sociale, de «spiritualité» et «d'idéalisme» est la force qui protège le plus de la déviance. Au-delà de cette concordance, on retrouve la logique du choix du milieu: les actes conduisent aux affinités relationnelles qui elles-mêmes conduisent aux actes.

Les différentes analyses montrent bien que c'est le milieu choisi qui compte et non pas les milieux imposés: ni le quartier, ni la classe sociale des parents, ni même le milieu judiciaire auquel le jeune peut être confronté, ne s'avèrent corrélés avec l'adoption de patterns de comportements déviants.

Même l'école peut être considérée comme un milieu qui fait l'objet d'un choix. C'est en tant que milieu de vie accepté que l'école favorise l'adoption de comportements non-déviants. En effet, lorsque le jeune manifeste des interactions problématiques avec le milieu scolaire, il aura davantage tendance à désinvestir ce milieu et à le rejeter. Par ce rejet, le jeune se libère de certaines de ses attaches et se rend disponible pour investir davantage ses relations avec des pairs qui présentent des idéologies et des comportements déviants.

Cette conception de la déviance dans la perspective du milieu choisi constitue l'apport essentiel de notre démarche.

Elle constitue également un apport à l'approche de l'individu dans son environnement.

Cette conception ne se veut en aucune manière réductrice mais elle contribue à préciser une vision de la déviance basée sur l'apprentissage social tout en n'excluant pas les apports d'autres théories explicatives de la déviance et du comportement social en général.

Ainsi, le Moi, instance d'interaction entre l'individu et le milieu met en œuvre différents mécanismes psychiques qui contribuent diversement à favoriser l'adoption de comportements socialement déviants.

Au niveau des perspectives temporelles, nous avons démontré que c'est principalement l'organisation et la structuration des perspectives temporelles qui protègent de la déviance. Le maintien d'expectations positives quant à la vie sociale est un facteur puissant de maintien des idéologies et des comportements tournés vers la conformité sociale. Le choix de l'avenir se fait en accord avec le choix du milieu.

Au niveau de l'image de soi, nous avons démontré que c'est l'image en provenance d'autrui qui est déterminante quant à l'adoption ou non de conduites déviantes. L'intériorisation des jugements qui ont été portés sur l'enfant par ses parents et ses professeurs constitue la base de l'image sociale de soi qui va soutenir la fidélité ou le rejet des normes sociales.

Ainsi donc, les jeunes qui adoptent des patterns de comportements socialement déviants sont des jeunes qui suivent un cheminement progressif durant lequel ils mettent leurs comportements en accord avec les milieux qu'ils choisissent et les valeurs qu'ils vivent. Ces mécanismes d'interaction entre l'individu et son environnement qui interviennent dans l'adoption de conduites déviantes montrent la validité de certaines conceptions liées aux théories culturalistes de la déviance, puisque le groupe de référence intervient comme initiateur et renforcement.

Toutefois, ce sont les références aux théories du contrôle qui s'avèrent les plus manifestes. En effet, les liens entre l'individu et son environnement de référence, les intériorisations des jugements d'autrui et l'attachement aux valeurs proposées par les groupes de référence sont fortement apparentés aux notions de contrôle énoncées par les théories du contrôle social. La précision essentielle que nous apportons à cette théorie est qu'il faut mettre l'accent sur l'intériorisation du contrôle par l'individu au cours d'un processus interactif de choix des milieux de référence et des idéologies en rapport avec les comportements.

Bibliographie

ABRAHAMSON M., *Sudden Wealth, gratification and attainment: Durkheim's anomie of affluence reconsidered*, American Sociological Review, 45, 1, 1980, 49.
AKERS R.L., KROHN M.C., LANZA-KADUZE L., RADOSEVICH M., *Social learning and deviant behavior: a specific test of a general theory*, American Sociological Review, 1979, 44, 636-655.
ALGAN A., *Image de Soi chez l'adolescente socialement inadaptée*, Thèse de doctorat, Université Paris VII, 1974.
ALGAN A., NERY N., *L'image de Soi chez l'adolescent délinquant: étude bibliographique*, Annales de Vaucresson, 1968.
ALLPORT G., *The ego in contempory psychology*, Psychological Review, 1943, 50, 451-479.
AUSUBEL D., *Ego development and the personality disorders*, Grune and Stratton, New York, 1952.
BAKOMERA J., *La délinquance dans les quartiers défavorisés*, Lic. en Criminologie, Univ. Liège, 1980.
BANDURA A., *L'apprentissage social*, Mardaga, Bruxelles, 1980, trad. par J.H. Rondal, *Social Learning Theory*, Prentice Hall, New York, 1976.
BATTLE S. and ROTTER J.B., *Children's feeling of personal control as related to social class and ethnic group*, Journal of personality, vol. 31.1, 1963, 482-490.
BECHTEL R.B., *Contributions of ecological psychology to the evaluation of environments*, International Review of Applied Psychology, 1982, 31, 153-167.
BECKER H.S., *Studies in the Sociology of deviance*, The Free Press, Glencoe inc., N.Y., 1963.
BECKER W.C., *Consequence of differend kinds of parental discipline*, Review of child Development Research, 1964, 1.
BERNSTEIN B., *Class, Codes and Control*, vol. 3, Routledge and Kegan, London, 1975.
BIALER I., *Conceptualisation of success and failure in mentally retarded and normal children*, Journal of Personality, 29, 1961, 303-320.

BLANCK G. et R., *Issues in applied ego psychology diagnostic and treatment implications*, B.M.A., New York, 1980.
BORN M., *Les fonctions du Moi et leur rééducation chez les adolescents inadaptés sociaux*, Mémoire lic. en Psychologie, Univ. Liège, 1970.
BORN M., *Essais d'une approche quantitative des fonctions du Moi dans le T.A.T.*, Rev. de Psychologie et des Sc. de l'éducation, 10, 4, 1975.
BORN M., GAVRAY C., *Le jeune liégeois, son présent et son avenir*, Service Prof. Schaber, Univ. Liège, 1982.
BORN M., DICKES P., GAILLY B., HAUSMAN P., *L'échelle de socialisation de Gough comme instrument de dépistage des adolescents à risque élevé de délinquance*, Revue Droit pénal et de Criminologie, Juillet 1980, 705-735.
BORN M., *L'adoption de comportements socialement déviants chez les jeunes*, thèse de doctorat, Univ. Liège, 1983.
BOUROUCHE J.M., SAPORTA G., *L'analyse des données*, Que sais-je, P.U.F., 1980.
BROWN M.B., *Locus of control, self-concept, and level of aspiration in situation specific institutionalized delinquent girls*, South Calif. Univ., Ed. D, 1978.
BURGESS R.L., AKERS R.L., *A differential association-reinforcement theory of criminal behavior*, Social Problems, 14, 1966, 128-147.
CAPUL M., *Les groupes rééducatifs*, Sup, Paideia, P.U.F. Paris, 1969.
CHAMBOREDON J.C., *La délinquance juvénile, essai de construction d'objet*, Revue Française de Sociologie, XII, 3, juillet-septembre 1971.
CHILD D., *The Essentials of Factor Analysis*, Holt. Rinehart and Winston, London, 1970.
CLOWARD R.A., OHLIN L.E., *Delinquency and Opportunity*, Glencoe, Illinois, Free Press, 1960.
COHEN A.K., *The sociology of the deviant act: Anomie theory and beyond*, American Sociological Review, vol. 30, 1, 1965, 5-14.
COHEN J., COHEN P., *Applied Multiple Regression*, John Wiley and sons, New York, 1975.
CONGER R.D., *Social Control and Social Learning Models of delinquent behavior*, Criminology, 14, 1976, 1.
COOK-GUMPERZ J., *Social control and Socialization*, Routledge and Kegan, London, 1973.
COX W.F., LUHRS J.A., *Relationship between locus of control and alcohol and drugs, related behaviors in teenagers*, Social behavior and personality, 6, (2), 1979, 191-194.
DAVIS A., KIDDER C., REICH M., *Time orientation in male and female juvenile delinquents*, Journal of Abnormal and Social Psychology, 64, 1962, 239-240.
DAVIS A., PARENTI A.N., *Time orientation and interpersonal relations of emotionally disturbed and normal children*, Journal of Abnormal and Social Psychology, 57, 1958, 299-305.
DEAN D.G., *Alienation: its meaning and measurement*, American sociological Review, vol. 26, 1961, 753-758.
DEBUYST Ch., *Vers une nouvelle conception des valeurs*, Acta criminologica, janvier 1973, 68-134.
DE GREEFF E., *Notre destinée et nos instincts*, Présence, Plon, Paris, 1945.
DEMUYSERE B., *Théorie de l'apprentissage social, Traduction et analyse du test de Rotter «Internal-External locus of control»*, Mémoire de licence en Pédagogie, Univ. Cath. Louvain, 1977.
DEUTSCH M., KRAUSS R.M., *Les théories en psychologie sociale*, Mouton, Paris, 1972.
DICKES P., HAUSMAN P., *Définir et mesurer la délinquance*, Bulletin de Psychologie, 1982, 36, 359, p. 441-455.

DOISE W., DESCHAMPS J.C., MUGNY G., *Psychologie sociale expérimentale*, Armand Colin, Paris, 1978.
DOWNS R.M., STEA D., *Image and environment*, Aldine Push Co, Chicago, 1976.
DURKHEIM E., *Le suicide*, P.U.F., Paris, 1969.
ERICKSON E., *Identity, Youth and Crises*, Norton and co, New York, 1968.
ERICKSON R.V., ROBERTS A.M., *Some ego functions associated with delay of gratification in male delinquents*, Journal of Consulting and Clinical Psychology, 36, 1971, 378-382.
ESPERET E., *Langage, milieu et intelligence: conceptions développées par B. Bernstein*, Bulletin de Psychologie, 29, 1975-1976, 320, 10-35.
ELLIOT D.S., AGETON S.S., *Reconciling race and class differences in self-reported and official estimates of delinquency*, American Sociological Review, 45, 1980, 95-110.
FOA U.G., FOA E.B., *Societal structures of the mind*, C. Thomas Pub. Springfield, Illinois, 1974.
FRAISSE P., *Psychologie du temps*, P.U.F., Paris, 1957.
FRAISSE P., HALBERG F., LEJEUNE H., MICHON J.A., MONTANGERO J., NUTTIN J., RICHELLE M., *Du temps biologique au temps psychologique*, P.U.F., Paris, 1979.
FREUD A., *Le Moi et les mécanismes de défenses*, P.U.F., Paris, 1964.
FREUD S., *Essais de psychanalyse*, Payot, Paris, 1963.
FRUCHTER B., *Introduction to factor analysis*, D. Van Nostrand Company Inc., Princeton, New York, 1954.
GAILLY B., *Les indicateurs sociaux*, Rapport non publié, G.E.P.P., Luxembourg, 1981.
GLUECK S. et E., *Unraveling juvenile delinquency*, New York, 1950.
GOFFMAN E., *La mise en scène de la vie quotidienne*, Editions de Minuit, Paris, 1973.
GOFFMAN E., *Stigma*, Editions de Minuit, Paris, 1975.
GORDON R.A., *Issues in the ecological study of delinquency*, American Sociological Review, 32, 6, 1967, 927-944.
GORE P.M., ROTTER J.B., *A personality correlate of social action*, Journal de personality, 31, 1963, 58-64.
HARTMANN H., *Ego psychology and the problem of adaptation*, International Universities Press, New York, 1958.
HAUSMAN P., *Le poids de l'inadaptation au milieu scolaire dans le processus délinquantiel*, Rapport F.R.F.C., FUL, 1982.
HERBERT D., *Crime, delinquency and the urban environment*, Progress in Human Geography, 1, 2, 1977, 210-239.
HERPIN N., *Les sociologues américains et le siècle*, P.U.F., Paris, 1973.
HINDELANG M.J., HIRSCHI T., WEIS J.G., *Measuring delinquency*, Sage Publications, Beverly Hills, 1981.
HIRSCHI T., *Causes of delinquency*, Univ. of California Press, Berkeley, 1969.
HIRSCHI T., SELVIN H.C., *Recherches en délinquance*, Mouton, Paris, 1975.
HOOD R., SPARKS R., *La délinquance*, Hachette, Paris, 1970.
HOORNAERT J., *Time perspective; theoretical and methodological considerations*, Psychologica Belgica, 13-3, 1973, 265-294.
JESSOR R., JESSOR S.L., *Problem behavior and psychological development*, Academic Press, New York, 1977.
JOHNSON R.E., *Juvenile delinquency and its origins*, Cambridge University Press, 1979.
KEEFE J.B., *The relation of locus of control, sex role self concept and sex role attitudes to female delinquent behavior*, Ph. D, New York Univ., 1976.

KERLINGER F.N., PEDHAZUR E.J., *Multiple regression in behavior research*, Holt, Rinehart and Winston, New York, 1973.
KLINEBERG S.L., *Changes in outlook on the future between childhood and adolescence*, J. of Personality and social Psychology, 7, 2, 1967, 185-193.
KLUKHOHN F.R., STROKTBECK F.L., *Variations in value orientations*, Row, Peterson and company, New York, 1961.
KORNHAUSER R.R., *Social sources of delinquency*, Univ. of Chicago Press, 1978.
KVARACEUS W.C., *The community and the delinquent*, World Book Co, New York, 1954.
KVARACEUS W.C., *Dynamics of delinquency*, Charles E. Merrill Colombus, Ohio, 1966.
KVARACEUS W.C., *Juvenile delinquency and the school*, Harcourt, Brace and World Book, 1945.
KVARACEUS W.C., MILLER W.B., *Delinquent behavior culture and the individual*, National Education Association, 1959.
LANDER B., *Towards an understanding of juvenile delinquency*, Columbia Univ. Press, New York, 1954.
LAUTREY J., *Classes sociales et développement cognitif*, La Pensée, 190, 1976, 31-53.
LEFCOURT H.M., *Locus of control - current trends in theory and research*, Lawrence Erblam Associates, New York, 1976.
LEVY-LEBOYER C., *Psychologie et environnement*, P.U.F. Paris, 1980.
LEWIN K., *Level of aspiration*, in HUNT J., *Personality and the behavior disorders*, Ronald Press Comp., New York, 1944.
LOEVINGER J., *Scientific ways in the study of ego development*, Clark Univ. Press, Mass, XII, series 1979.
LUTTE G., *Supprimer l'adolescence?*, Les éditions ouvrières, Paris, 1982.
LYNCH K., *The image of the city*, MIT Press, Mass, réédition 1979.
MACAR F., *Le temps, perspectives psycho-physiologiques*, Mardaga, Bruxelles, 1980.
McCLOSKY H., SCHAAR J.H., *Psychological dimensions of anomy*, American Sociological Review, 70, 1965, 14-40.
MAILLOUX, *Jeunes sans dialogues*, Fleurus, Paris, 1971.
MALEWSKA H., PEYRE V., *Délinquance juvénile, famille, école et société*, Vaucresson, 1973.
MAYER J.M., *Social skill and locus of control as predictor of depression in adolescents, during temporal institutional confinement*, Ph. D. Univ., South California, 1977.
MEAD G.H., *Mind, self and society*, The University of Chicago Press, Chicago Illinois, 1934.
MELGES F.T., WEISZ A.E., *The personal future and suicidal ideation*, Journal of Nervous and mental Disease, 153, 1971, 244-250.
MENGAL P., *L'analyse des tableaux de fréquences*, Institut Roman de recherche et de documentation pédagogiques, 1980.
MERTON R.K., *Eléments de théories et de méthodes sociologiques*, Plon, Paris, 1965, 182. Trad. de *Social theory and social structure*, Glencoe, The Free Press, 1957.
MERTON R.K., *Social structure and anomie*, American Sociological Review, 3, octobre 1938, 672-682.
MILLHAM S., BULLOCK R., HAAK M., HOSIE K., MITCHELL L., *Give and take*, Dartington social research Unit, Totnes, Devon, 1980.
MINKOWSKI E., *Le temps vécu*, Delachaux et Niestlé, Neufchatel, 1968.
MIREL H.L., *Dimensions of internal versus external control*, Journal of consulting and clinical psychology, 34, 1970, 226-228.
MISCHEL T., *The self; psychological and philosophical issues*, Basil Blackwell, Oxford, 1977.

MOOS R.H., *Conceptualizations of human environments*, American psychologist, août 1973, 652-665.
MORRIS T., *The criminal area*, A study of social ecology, Routledge et Kegan, Londres, 1957.
MOSER T., *Jugendkriminalität und geselbschaftstruktur*, Surrkamp, 1970.
MUCCHIELLI R., *Comment ils deviennent délinquants*, Ed. Sociales Françaises, Paris, 1955.
MUGNY G., *La déviance*, in DOISE W., *Psychologie sociale et expérimentale*, Armand Colin, Paris, 1978.
NUTTIN J., *Motivation et perspectives d'avenir*, Presses Universitaires de Louvain, 1980.
NYE F.I., SHORT J.F., *Scaling délinquent behavior*, American Sociological Review, 22, 1956, 326-331.
PHARES E.J., *Expectancy in skill and chance situations*, Journal of abnormal and social Psychology, 54, 1957, 339-342.
PHARES E.J., *Locus of control in personality*, General learning press, Morris Towns, N. Jersey, 1976.
PINATEL J., *La criminologie*, Spes, Paris, 1960.
PLATT J.J., EISERMAN R., *Internal-external control of reinforcement, time perspective adjustment and anxiety*, Journal of general psychology, 79, 1968, 121-128.
PROSHANSKY H.M., ITTELSON W.H., RIVLINL G., *Environmental psychology. Man and his physical setting*, Holt, Rinehart and Winston Inc., New York, 1970.
RECKLESS W.C., DINITZ S., KAY B., *The self-component in potential delinquency and potential non-delinquency*, Americal Sociological Review, 72, 1957, 566-570.
RECKLESS W.C., DINITZ S., MURRAY E., *The self-concept as an insulator against delinquency*, American Sociological Review, 21, 1956, 744-746.
REDL F., WINEMAN D., *L'enfant agressif*, Fleurus, Paris, 1964.
REZSOHAZY R., *Temps social et développement*, La Renaissance du Livre, Bruxelles, 1970.
RICHELLE M., *Le conditionnement opérant*, Delachaux et Niestlé, Neuchatel, 1966.
RIESMAN D., *Egocentrism, is the american character changing?* Encounter, sept 1980, 19-28.
REISMAN D., *La foule solitaire*, Arthaud, Paris, 1964.
RIST R.C., *Student social class and teacher expectations: the self-fulfilling prophecy in ghetto education*, Harvard Educational Review, 40, 3, 1970, 411-451.
ROBAYE F., *Niveau d'aspiration et d'expectation*, P.U.F., Paris, 1957.
ROBERT M., *La révolution psychanalytique*, 2 tomes, Payot, Paris, 1964.
ROBERT Ph., *La sociologie entre une criminologie du passage à l'acte et une criminologie de la réaction sociale*, L'année sociologique, 1973, 442-504.
ROBERT Ph., KELLENS G., *Nouvelles perspectives en sociologie de la déviance*, Revue Française de sociologie, XIV, 1973, 371-395.
ROBERT Ph., LASCOUMES P., *Les bandes d'adolescents*, Les Editions ouvrières, Paris, 1974.
RODRIGUEZ-TOME H., *Le Moi et l'autre dans la conscience de l'adolescent*, Delachaux et Niestlé, Neuchatel, 1972.
ROGERS C.R., *Le développement de la personne*, Dunod, Paris, 1968.
ROTTER J.B., *Generalized expectancies for internal versus external control of reinforcement*, Psychological monographe, vol. 80, 1, 1966.
ROTTER J.B., *Social learning and clinical psychology*, Englewood Cliffs, Prentice-Hall, 1954.
ROTTER J.B., *Some problems and misconceptions related to the construct of internal versus external control of reinforcement*, Journal of consulting and clinical psychology, 43, n° 1, 1975, 56-57.

SCHABER G., *Immaturité, délinquance et pseudo-délinquance*, in *La criminologie clinique*, Dessart, Bruxelles, 1968.
SCHABER G., BORN M., DICKES P., GAILLY B., HAUSMAN P., *Processus de paupérisation dans les groupes à risque élevé de déprivation (La pauvreté persistante dans sept régions d'Europe)*, G.E.P.P., Luxembourg, 1982.
SCHMIDT R.W., LAMM H., TROMMSDORFF G., *Social class and sex as determinants of future orientation (time perspective) in adults*, European journal of social psychology, 8, 1978, 71-90.
SEEMAN M., *Alienation and engagement*, in CAMPBELL A. and CONVERSE P.E., *The human meaning of social change*, Russell sage, New York, 1972, 467-527.
SEEMAN M., *On the meaning of alienation*, American Sociological Review, 24, 1959, 783-791.
SEEMAN M., *Powerlessness and knowledge - a comparative study of alienation and learning*, Sociometry, 30, 1961, 103-123.
SEEMAN M., *Some themes in the alienation perspective*, Journal of Community Psychology, 7, 1979, 12-17.
SEGALMAN R., *The conflict of cultures between social work and the underclass*, Rocky Mountain Social Science Journal, 2, 1965, 161-173.
SELOSSE J., *Identification négative*, Bulletin de Psychologie, 33, 345, 1980, 619-626.
SHAW C.R., McKAY H.D., *Juvenile delinquency and urban areas*, The University of Chicago Press, 1969.
SHORT J.F., NYE F.I, *Reported behavior as a criterion of deviant behavior*, Social Problems, 5, 1957, 207-213.
SHYBUT J., *Time perspective internal versus external control and severity of psychological disturbance*, Journal of clinical psychology, 24, 1968, 312-315.
SIMON W., GAGNON J., *The anomie of affluence*, American Journal of sociology, 82, 1976, 356-378.
SMITH R.M., WALTERS J., *Delinquant and non-delinquant males perceptions of their fathers*, Adolescence, vol. 13, 49, 1978.
SULIVAN C.E., GRANT M.Q., GRANT J.D., *The development of interpersonal maturity: applications to delinquency*, Psychiatry, 20, 1957, 373-375.
SYKES G.M., MATZA D., *Techniques of neutralization: a theory of delinquency*, American Sociological Review, 22, 1957, 667-669.
SIMOND P.H., *The Ego and the Self*, Appelton, New York, 1951.
SZABO D., *La délinquance juvénile*, North-Holland, Publishing Company, Amsterdam, 1963.
SZABO D., *Urbanisation et criminalité*, Bruxelles, Revue Institut de Sociologie, 1963, 37-52.
THRASHER F.M., *The gang, a study of 1313 gangs in Chicago*, Univ. Chicago Press, Chicago, 1960.
THROOP Q.F., MacDONALD A.P., *Internal-external locus of control: a bibliography*, Psychological Reports, 28, 1971, 175-190.
TYLER F.B., GATZ M., *Constructivist analysis of the Rotter I.E. Scale*, Journal of personality, vol. 47, 1979, 11-35.
WAPNER S., *Transaction of person-in-environments: some critical transition*, Clark University, Unpublished doc., 1980.
WAPNER S., COHEN S.B., KAPLAN B., *Experiencing the environment*, Plenum Press, New York, 1976.
WAPNER S., KAPLAN B., COHEN S.B., *An Organismic developmental perspective for understanding transaction of men and environments*, Environment and behavior, vol. 5, 3, 1973, 255-289.

WAPNER S., KAPLAN B., CIOTTONE R., *Self-world relationships in critical environmental transitions: chilhood and beyond*, Conference on spatial representation and behavior across the life span, Pennsylvania State University, May, 1979.
WEISHAUPT S., *Image de Soi chez les adolescents délinquants*, Licence en psychologie, Univ. de Liège, 1980.
WELLS L.E., MARWELL G., *Self-esteem, its conceptualization and measurement*, Sage Publications, Beverly Hills, 1976.
WHITE R.W., *The entreprise of living*, Holt, Rinehart, and Winston, New York, 1976.
WHYTE W.F., *Street corner society*, Univ. Chicago Press, 1943.
WOLFGANG M.E., FERRACUTI F., *The subculture of violence*, Tavistock Pub. London, 1967.
ZAVALLONI M., *L'identité psychosociale, un concept à la recherche d'une science*, in MOSCOVICI S., *Introduction à la psychologie sociale*, Larousse, Paris, 1973, 245-265.
ZAZZO B., *Psychologie différentielle de l'adolescence*, P.U.F., Paris, 1966.
ZERN D., *The differenciation of time and objects: a cross-cultural and longitudinal approach to an examination of the concept of secondary process development in psychoanalytic theory*, in MUENSTERBERGER W., *The psychoanalytic study of society*, International Univ. Press, 1971.

Table des matières

AVANT PROPOS 5

INTRODUCTION 7

CHAPITRE 1: LE DELINQUANT EN ENVIRONNEMENT 9

1. Jean, un vrai délinquant? 9
2. Psychologie de l'individu en environnement 14

CHAPITRE 2: LES THEORIES GENERALES DE LA DELINQUANCE . 17

1. Les modèles sociologiques du passage à l'acte 18
2. Les facteurs mésologiques 23
   A. Anomie et délinquance 24
   B. Appartenance sociale et délinquance 27

CHAPITRE 3: LA CRIMINOLOGIE DE LA REACTION SOCIALE: DEVIANCE OU DELINQUANCE? 33

1. Clarification des choix de population 34
2. Clarification des choix de définitions 35
3. Clarification du niveau explicatif 38
4. Conclusions 40

CHAPITRE 4: L'APPRENTISSAGE SOCIAL DES CONDUITES DEVIANTES 43

1. Bandura: théories de l'apprentissage social 44
2. Classes sociales - apprentissage social et langage 47
3. Apprentissage social et adoption de comportements déviants 51

CHAPITRE 5: LES JEUNES SONT-ILS DELINQUANTS OU DEVIANTS?   55

1. Enquête réalisée auprès des jeunes 55
2. La mesure de la déviance 59
   A. La déviance auto-révélée 60
   B. Questionnaire sur les actes non conformes aux normes sociales 66
3. Sont-ils délinquants? 69
   A. Les diverses formes de la délinquance 70
   B. Le continuum de la déviance 73

CHAPITRE 6: L'IDENTITE PSYCHO-SOCIALE DES JEUNES DELINQUANTS 81

1. Quelle image de soi? 82
2. Reckless: «l'image de soi, protectrice de la délinquance» 87
3. Selosse: l'identification négative 89
4. Ce que les jeunes pensent d'eux-mêmes 91

CHAPITRE 7: L'ENGAGEMENT DES JEUNES A L'EGARD DES VALEURS 99

1. Quelles valeurs? 99
2. Ce que les parents valorisent 103
3. Les valeurs véhiculées par les amis 105
4. Valeurs d'appartenance et valeurs de référence 107

CHAPITRE 8: LA DEVIANCE EXPLIQUEE PAR LE MILIEU CHOISI . 113

1. La délinquance n'est pas expliquée par le milieu imposé 115
   A. Caractéristiques sociales des quartiers 115
   B. Appartenance sociale de la famille 117
2. L'école comme facteur de délinquance 120
3. Adoption de conduites déviantes et relations familiales 123
4. Les contacts de l'individu avec les Instances judiciaires 125
5. Le vécu psychologique comme source de délinquance 127
   A. L'intéro-extéro-détermination comme facteur de délinquance 127
   B. Image de soi et déviance 132
   C. La perspective temporelle 133
6. Le milieu choisi par les jeunes socialement déviants 139
   A. Les valeurs des groupes de référence 139
   B. Adoption de comportements déviants en fonction du milieu choisi et de l'ensemble de l'interaction entre soi et le milieu 141

CHAPITRE 9: CONCLUSION: LA SPIRALE DE LA DEVIANCE 145

BIBLIOGRAPHIE 149

TABLE DES MATIERES 156

Printed in Belgium by Solédi - Liège

PSYCHOLOGIE ET SCIENCES HUMAINES
collection publiée sous la direction de MARC RICHELLE

1 Dr Paul Chauchard
LA MAITRISE DE SOI, 9° éd.
5 François Duyckaerts
LA FORMATION DU LIEN SEXUEL, 9° éd.
7 Paul-A. Osterrieth
FAIRE DES ADULTES, 16° éd.
9 Daniel Widlöcher
L'INTERPRETATION DES DESSINS D'ENFANTS, 9° éd.
11 Berthe Reymond-Rivier
LE DEVELOPPEMENT SOCIAL DE L'ENFANT ET DE L'ADOLESCENT, 9° éd.
12 Maurice Dongier
NEVROSES ET TROUBLES PSYCHOSOMATIQUES, 7° éd.
15 Roger Mucchielli
INTRODUCTION A LA PSYCHOLOGIE STRUCTURALE, 3° éd.
16 Claude Köhler
JEUNES DEFICIENTS MENTAUX, 4° éd.
21 Dr P. Geissmann et Dr R. Durand
LES METHODES DE RELAXATION, 4° éd.
22 H. T. Klinkhamer-Steketée
PSYCHOTHERAPIE PAR LE JEU, 3° éd.
23 Louis Corman
L'EXAMEN PSYCHOLOGIQUE D'UN ENFANT, 3° éd.
24 Marc Richelle
POURQUOI LES PSYCHOLOGUES?, 6° éd.
25 Lucien Israel
LE MEDECIN FACE AU MALADE, 5° éd.
26 Francine Robaye-Geelen
L'ENFANT AU CERVEAU BLESSE, 2° éd.
27 B.F. Skinner
LA REVOLUTION SCIENTIFIQUE DE L'ENSEIGNEMENT, 3° éd.
28 Colette Durieu
LA REEDUCATION DES APHASIQUES
29 J.C. Ruwet
ETHOLOGIE: BIOLOGIE DU COMPORTEMENT, 3° éd.
30 Eugénie De Keyser
ART ET MESURE DE L'ESPACE
32 Ernest Natalis
CARREFOURS PSYCHOPEDAGOGIQUES
33 E. Hartmann
BIOLOGIE DU REVE
34 Georges Bastin
DICTIONNAIRE DE LA PSYCHOLOGIE SEXUELLE
35 Louis Corman
PSYCHO-PATHOLOGIE DE LA RIVALITE FRATERNELLE
36 Dr G. Varenne
L'ABUS DES DROGUES
37 Christian Debuyst, Julienne Joos
L'ENFANT ET L'ADOLESCENT VOLEURS
38 B.-F. Skinner
L'ANALYSE EXPERIMENTALE DU COMPORTEMENT, 2° éd.
39 D.J. West
HOMOSEXUALITE
40 R. Droz et M. Rahmy
LIRE PIAGET, 3° éd.
41 José M.R. Delgado
LE CONDITIONNEMENT DU CERVEAU ET LA LIBERTE DE L'ESPRIT
42 Denis Szabo, Denis Gagné, Alice Parizeau
L'ADOLESCENT ET LA SOCIETE, 2° éd.
43 Pierre Oléron
LANGAGE ET DEVELOPPEMENT MENTAL, 2° éd.
44 Roger Mucchielli
ANALYSE EXISTENTIELLE ET PSYCHOTHERAPIE PHENOMENO-STRUCTURALE
45 Gertrud L. Wyatt
LA RELATION MERE-ENFANT ET L'ACQUISITION DU LANGAGE, 2° éd.
46 Dr Etienne De Greeff
AMOUR ET CRIMES D'AMOUR
47 Louis Corman
L'EDUCATION ECLAIREE PAR LA PSYCHANALYSE
48 Jean-Claude Benoit et Mario Berta
L'ACTIVATION PSYCHOTHERAPIQUE
49 T. Ayllon et N. Azrin
TRAITEMENT COMPORTEMENTAL EN INSTITUTION PSYCHIATRIQUE
50 G. Rucquoy
LA CONSULTATION CONJUGALE
51 R. Titone
LE BILINGUISME PRECOCE
52 G. Kellens
BANQUEROUTE ET BANQUEROUTIERS
53 François Duyckaerts
CONSCIENCE ET PRISE DE CONSCIENCE
54 Jacques Launay, Jacques Levine et Gilbert Maurey
LE REVE EVEILLE-DIRIGE ET L'INCONSCIENT
55 Alain Lieury
LA MEMOIRE

56 Louis Corman
NARCISSISME ET FRUSTRATION D'AMOUR
57 E. Hartmann
LES FONCTIONS DU SOMMEIL
58 Jean-Marie Paisse
L'UNIVERS SYMBOLIQUE DE L'ENFANT ARRIERE MENTAL
59 Jacques Van Rillaer
L'AGRESSIVITE HUMAINE
60 Georges Mounin
LINGUISTIQUE ET TRADUCTION
61 Jérôme Kagan
COMPRENDRE L'ENFANT
62 Michael S. Gazzaniga
LE CERVEAU DEDOUBLE
63 Paul Cazayus
L'APHASIE
64 X. Seron, J.L. Lambert, M. Van der Linden
LA MODIFICATION DU COMPORTEMENT
65 W. Huber
INTRODUCTION A LA PSYCHOLOGIE DE LA PERSONNALITE, 2ᵉ éd.
66 Emile Meurice
PSYCHIATRIE ET VIE SOCIALE
67 J. Château, H. Gratiot-Alphandéry, R. Doron et P. Cazayus
LES GRANDES PSYCHOLOGIES MODERNES
68 P. Sifnéos
PSYCHOTHERAPIE BREVE ET CRISE EMOTIONNELLE
69 Marc Richelle
B.F. SKINNER OU LE PERIL BEHAVIORISTE
70 J.P. Bronckart
THEORIES DU LANGAGE
71 Anika Lemaire
JACQUES LACAN, 2ᵉ éd. revue et augmentée
72 J.L. Lambert
INTRODUCTION A L'ARRIERATION MENTALE
73 T.G.R. Bower
DEVELOPPEMENT PSYCHOLOGIQUE DE LA PREMIERE ENFANCE
74 J. Rondal
LANGAGE ET EDUCATION
75 Sheila Kitzinger
PREPARER A L'ACCOUCHEMENT
76 Ovide Fontaine
INTRODUCTION AUX THERAPIES COMPORTEMENTALES
77 Jacques-Philippe Leyens
PSYCHOLOGIE SOCIALE, 2ᵉ éd.
78 Jean Rondal
VOTRE ENFANT APPREND A PARLER
79 Michel Legrand
LE TEST DE SZONDI
80 H.J. Eysenck
LA NEVROSE ET VOUS
81 Albert Demaret
ETHOLOGIE ET PSYCHIATRIE
82 Jean-Luc Lambert et Jean A. Rondal
LE MONGOLISME
83 Albert Bandura
L'APPRENTISSAGE SOCIAL
84 Xavier Seron
APHASIE ET NEUROPSYCHOLOGIE
85 Roger Rondeau
LES GROUPES EN CRISE?
86 J. Danset-Léger
L'ENFANT ET LES IMAGES DE LA LITTERATURE ENFANTINE
87 Herbert S. Terrace
NIM, UN CHIMPANZE QUI A APPRIS LE LANGAGE GESTUEL
88 Roger Gilbert
BON POUR ENSEIGNER?
89 Wing, Cooper et Sartorius
GUIDE POUR UN EXAMEN PSYCHIATRIQUE
90 Jean Costermans
PSYCHOLOGIE DU LANGAGE
91 Françoise Macar
LE TEMPS, PERSPECTIVES PSYCHOPHYSIOLOGIQUES
92 Jacques Van Rillaer
LES ILLUSIONS DE LA PSYCHANALYSE
93 Alain Lieury
LES PROCEDES MNEMOTECHNIQUES
94 Georges Thinès
PHENOMENOLOGIE ET SCIENCE DU COMPORTEMENT
95 Rudolph Schaffer
COMPORTEMENT MATERNEL
96 Daniel Stern
MERE ET ENFANT, LES PREMIERES RELATIONS
97 R. Kempe & C. Kempe
L'ENFACE TORTUREE
98 Jean-Luc Lambert
ENSEIGNEMENT SPECIAL ET HANDICAP MENTAL
99 Jean Morval
INTRODUCTION A LA PSYCHOLOGIE DE L'ENVIRONNEMENT

100 Pierre Oleron et al.
SAVOIRS ET SAVOIR-FAIRE PSYCHOLOGIQUES CHEZ L'ENFANT
101 Bernard I. Murstein
STYLES DE VIE INTIME
102 Rondal/Lambert/Chipman
PSYCHOLINGUISTIQUE ET HANDICAP MENTAL
103 Brédart/Rondal
L'ANALYSE DU LANGAGE CHEZ L'ENFANT
104 David Malan
PSYCHODYNAMIQUE & PSYCHOTHERAPIE INDIVIDUELLE
105 Philippe Muller
WAGNER PAR SES REVES
106 John Eccles
LE MYSTERE HUMAIN
107 Xavier Seron
REEDUQUER LE CERVEAU
108 Moreau/Richelle
L'ACQUISITION DU LANGAGE
109 Georges Nizard
ANALYSE TRANSACTIONNELLE ET SOIN INFIRMIER
110 Howard Gardner
GRIBOUILLAGES ET DESSINS D'ENFANTS, LEUR SIGNIFICATION
111 Wilson/Otto
LA FEMME MODERNE ET L'ALCOOL
112 Edwards
DESSINER GRACE AU CERVEAU DROIT
113 Rondal
L'INTERACTION ADULTE-ENFANT
114 Blancheteau
L'APPRENTISSAGE CHEZ L'ANIMAL
115 Boutin
FORMATION ET DEVELOPPEMENTS
116 Húsen
L'ECOLE EN QUESTION
117 Ferrero/Besse
L'ENFANT ET SES COMPLEXES
118 R. Bruyer
LE VISAGE ET L'EXPRESSION FACIALE
119 J.P. Leyens
SOMMES-NOUS TOUS DES PSYCHOLOGUES?
120 J. Château
L'INTELLIGENCE OU LES INTELLIGENCES?
121 M. Claes
L'EXPERIENCE ADOLESCENTE
122 J. Hayes et P. Nutman
COMPRENDRE LES CHOMEURS
123 S. Sturdivant
LES FEMMES ET LA PSYCHOTHERAPIE
124 A. Pomerleau et G. Malcuit
L'ENFANT ET SON ENVIRONNEMENT
125 A. Van Hout et X. Seron
L'APHASIE DE L'ENFANT
126 A. Vergote
RELIGION, FOI, INCROYANCE

Hors collection

Paisse
PSYCHOPEDAGOGIE DE LA LUCIDITE
Paisse
ESSENCE DU PLATONISME
Collectif
SYSTEME AMDP
Boulangé/Lambert
LES AUTRES, L'EXPRESSION ARTISTIQUE CHEZ LES HANDICAPES MENTAUX

Manuels et Traités

2 Thinès
PSYCHOLOGIE DES ANIMAUX
3 Paulus
LA FONCTION SYMBOLIQUE ET LE LANGAGE
4 Richelle
L'ACQUISITION DU LANGAGE
5 Paulus
REFLEXES-EMOTIONS-INSTINCTS
Droz-Richelle
MANUEL DE PSYCHOLOGIE
Hurtig-Rondal
MANUEL DE PSYCHOLOGIE DE L'ENFANT (Tome 1)
Hurtig-Rondal
MANUEL DE PSYCHOLOGIE DE L'ENFANT (Tome 2)
Hurtig-Rondal
MANUEL DE PSYCHOLOGIE DE L'ENFANT (Tome 3)
Rondal-Seron
LES TROUBLES DU LANGAGE (DIAGNOSTIC ET REEDUCATION)